**Die grosse
Schweizer Küche**

ALFRED HAEFELI · ERIKA LÜSCHER

Die grosse Schweizer Küche

120 KLASSISCHE REZEPTE · GESCHICHTEN ZUM KULINARISCHEN ERBE ·
DIE BESTEN LEBENSMITTEL

schweizbuch

Die Lizenzausgabe schweizbuch entspricht der Fona-Originalausgabe.
Sie unterscheidet sich lediglich durch einen geänderten Umschlag.

© 2014 Fona Verlag AG, CH-5600 Lenzburg 1
www.fona.ch

Lektorat   Léonie Schmid
Idee, Konzept und Realisierung   schweizbuch GmbH, Birrwil
Texte Produkte und Kulinarisches Erbe   Erika Lüscher, Gränichen
Rezeptnachweis   Seite 267
Gestaltung   FonaGrafik: Hiroe Mori, Lea Spörri
Bildnachweis   Seite 265
Druck   Druckerei Uhl, Radolfzell

ISBN 978-3-03780-556-5

INHALT

Suppen

- 16 Süsskartoffelsuppe
- 18 Bündner Gerstensuppe
- 20 Weinsuppe
- 22 Süssscharfe Birnensenf-Suppe
- 24 Altdorfer Beenälisuppä
- 26 Bergsuppe mit Gruyère AOP
- 28 Tomatensuppe mit Kräutern
- 30 Emmentaler Käsesuppe
- 32 Appenzeller Biersuppe
- 34 Minestrone
- 36 Kürbis-Karotten-Cremesuppe
- 38 Rustikale Sauerkrautsuppe

Vorspeisen & kleine Mahlzeiten

- 42 Cervelat-Käse-Salat
- 44 St. Galler Kalbsbratwurst mit Apfel-Zwiebel-Sauce
- 46 Hirsekugeln mit buntem Blattsalat
- 48 Spargel-Frischkäse-Aufstrich
- 50 Müslichüechli
- 52 Haferflockenburger mit Lauch
- 54 Beignets de Bénichon
- 56 Rindscarpaccio mit schwarzer Trüffel
- 58 Champignons-Schnitten
- 60 Honigkartoffeln mit Kräutern
- 62 Tessiner Risotto
- 64 Rösti
- 66 Maluns
- 68 Quarkknöpfli
- 70 Rotkrautsalat mit Pilzen und Speck
- 72 Rohschinken mit Gemüsestäbchen und Mayonnaise-Dipp
- 74 Linsen mit Gemüse
- 76 Bündnerfleischröllchen mit Joghurtfrischkäsefüllung
- 78 Appenzeller Schnitte
- 80 Capuns

Vegetarische Gerichte

- 84 Gemüse im Tilsitermantel
- 86 Schabziger Älplermagronen
- 88 Gratinierte gefüllte Tomaten
- 90 Zwieback-Gemüse-Lasagne
- 92 Spiralnudeln mit Zucchini und Thymian
- 94 Kartoffelgratin mit Tomaten
- 96 Ribelziegel mit Steinpilzen
- 98 Raclette
- 100 Nudeln mit Brennnesseln
- 102 Reis mit Lauch und Emmentaler AOP
- 104 Fondue moitié-moitié
- 106 Kastanienagout mit Salbei
- 108 Maisgratin mit Spinat
- 110 Teigwaren mit Grünspargel

Fleischgerichte

- 114 Basler Laubfrösche
- 116 Zitronenpoulet mit Kartoffeln
- 118 Bündner Cordon bleu
- 120 Aargauer Braten mit Dörrzwetschgen
- 122 Appenzeller Gitzi im Bierteig
- 124 Kaninchenfilet mit Feld-Wald-Ragout
- 126 Rindschmorbraten
- 128 Bolognese mit Baumnüssen
- 130 Gämspfeffer
- 132 Pouletbrüstchen Zürcher Art
- 134 Chügelipastetli
- 136 Filet im Teig
- 138 Ossobucco in Merlot
- 140 Freiburger Lammragout
- 142 Hühnerhackbraten
- 144 Krautpizokel

Fischgerichte

- 148 Spaghetti mit geräucherter Forelle
- 150 Zuger Albeli mit Kräutern
- 152 Felchenfilet in der Folie gebacken
- 154 Pochierte Forelle mit Sauce Hollandaise
- 156 Fisch auf Ingwer-Verjus-Gemüse
- 158 Felchenröllchen auf Rahmlauch
- 160 Wels mit Dijonsenfkruste
- 162 Zanderfilets mit Weissweinsauce überbacken

Eintöpfe & Aufläufe

- 166 Kirschenauflauf
- 168 Schnitz und Drunder
- 170 Dörrbohnen mit Speck und Kartoffeln
- 172 Landfraueneintopf
- 174 Kartoffel-Kürbis-Auflauf
- 176 Appenzeller Brotauflauf
- 178 UrDinkel-Eintopf
- 180 Plain in Pigna
- 182 Hirsegriess-Kürbis-Gratin

Brot, Kuchen & Gebäck

- 186 Appenzeller Käsefladen
- 188 Pizza Williams
- 190 Spinatwähe
- 192 Käse-Karotten-Kuchen
- 194 Walliser Cholera
- 196 Fricktaler Schinkenpastete
- 198 Marronifladen mit Rosmarin
- 200 Mandelschnitten mit Konfitüre
- 202 Ananas-Kirschtorte
- 204 Birnenweggen
- 206 Emmentaler Bretzeli
- 208 Aargauer Rüeblitorte
- 210 Lebkuchen mit Honigmarzipanfüllung
- 212 Engadiner Nusstorte
- 214 Bienenstich
- 216 Zuger Kirschtorte
- 218 Zürcher Tirggel
- 220 Schnelles Früchtebrot
- 222 Butterzopf
- 224 Maisbrot nach Landfrauenart

Desserts

- 228 Griessköpfchen
- 230 Minzeparfait im Filoteigkörbchen
- 232 Mostkuchen
- 234 Rosen-Panna-cotta
- 236 Safrancreme
- 238 «Schoggi-Schyterbygi»
- 240 Öpfelchüechli
- 242 Kastanienparfait
- 244 Merängge mit Vanillecreme
- 246 Dörrobstsalat mit Zimtparfait
- 248 Schokoladeneiscreme
- 250 Rotweinkirschen mit Röteli-Kirschenlikör und Röteliglace

Anhang

- 254 Bezugsquellen und Kontaktadressen
- 262 Register
- 265 Bildnachweis
- 267 Rezeptnachweis

Abkürzungen

- EL gestrichener Esslöffel
- TL gestrichener Teelöffel
- dl Deziliter
- ml Milliliter
- l Liter
- g Gramm
- kg Kilogramm
- Msp Messerspitze

Vorwort

Frischhalten, Kochen und Essen sind derart mit dem Kühlschrank verbunden, dass ich dieser Küchenhilfe am Anfang des Buches einen Kranz winden möchte. Der Kühlschrank wurde 1876 vom deutschen Ingenieur Carl von Linde erfunden. Den Weg in die Alltagsküchen fand er aber erst in den Jahren nach dem Zweiten Weltkrieg. Ein altes Fachbuch erklärt den unverzichtbaren Luxus in unseren Küchen mit einfachen Worten: «Ein Kühlschrank ist ein dem gleichnamigen Möbel nachempfundenes Gerät, das elektrisch oder mit Flüssiggas betrieben wird und die Temperatur in seinem Inneren mittels eines Kühlaggregats niedrig hält und Frischprodukte kühlt.» Ein Hoch auf die Erfindung des Jahrtausends, das unser Essen, auch die überlieferten Rezepte der Ahnen, grundlegend veränderte.

AUF IN DIE KÜCHE – ODER AB AUFS SOFA!

Einundachtzigtausend deutschsprachige Kochbücher können gegoogelt werden. Wenn Ihnen bei dieser Zahl schwindlig wird, seien Sie beruhigt: Die in die Fachgruppe der Ratgeber gehörenden Bücher werden zwar auch hin und wieder beim Kochen zu Rate gezogen. Meistens aber steigern sie unsere Lust am Essen, beflügeln die Fantasie und regen zum Erfinden neuer Kreationen an. Weil sie Wissen vermitteln und schön anzuschauen sind, werden unsere NachfolgerInnen in den Verlagen auch künftig Rezepte zwischen zwei Buchdeckel legen. Die verschiedensten Zielgruppen werden zwar kleiner, doch es wird immer Menschen geben, die gern kochen und in Mussestunden ein «Koch»-Buch haptisch spüren wollen, um Anregungen zu finden. Da können die Millionen angesammelter Rezepte im World Wide Web den Kopfstand machen – Kochbücher wird es immer geben.

VOM EIDGENOSSEN-ESSEN ZUR SCHWEIZER KÜCHE

Über die Lebensweise und die Ernährung der Bewohner urschweizerischer Gebiete im 14. Jahrhundert ist wenig überliefert. Sicher bildeten Stall, Feld und Wald die Grundlagen zur Gewinnung der zum Überleben notwendigen Lebensmittel. Hundert Jahre vor der Gründung der Schweizerischen Eidgenossenschaft im Jahre 1848 begann mit der Mechanisierung im Gewerbe und durch die Intensivierung der landwirtschaftlichen Produktion der grosse ökonomische Umbruch. Waren Nahrungsmittel bisher oft Mangelware, standen nun mehr Produkte zur Verfügung. Vor allem in den Küchen besser situierter Familien konnte aus dem Vollen geschöpft werden, was die Mengen und die Verschiedenartigkeit von Früchten, Gemüsen und gemahlenen Produkten betraf.

Dass die gute, landwirtschaftlich geprägte Küche eine wichtige Voraussetzung für die weitere Entwicklung von Gewerbe, Industrie und Tourismus im 19. Jahrhundert war, wird meist vergessen oder als nebensächlich abgetan. In dieser Zeit entstanden die ersten Kochbücher mit kalorienreichen Rezepten für Frauen und Männer, die enorme körperliche Leistungen vollbringen mussten. Die Titel dieser Bücher trugen die Namen der Region oder des Wohnkantons der Autorinnen. Gesamtwerke mit einem gemischten Angebot aus allen Gebieten der Helvetik oder der späteren Schweiz existierten nicht.

VOM MYTHOS DER SAISONALEN KÜCHE

Wenn von einer gesunden Schweizer Küche geredet wird, kommt «saisonal» so sicher wie das Amen in der Kirche. Obst und Beeren, Gemüse und Salate nach dem Saisonkalender einzukaufen und zu essen, ist eine schöne Vorstellung. Leider war das nie praktikabel und wird es auch nie sein. Dann, wenn die Produkte anfallen, sind wir von den Mengen schlicht überfordert. Einmachen und Haltbarmachen sind die Zauberwörter, die im Privathaushalt wie in der Nahrungsmittelindustrie in die Tat umgesetzt werden. Auf diese Weise sind alle Gaben der Natur das ganze Jahr über verfügbar. Erst die Haltbarmachung ermöglichte eine ausgewogene Ernährung. Allerdings ruft es die 2000-Watt-Bürger auf den Plan, wenn Spinat oder Erbsen sofort nach der Ernte schockgefroren werden. Darüber wollen wir uns nicht streiten, denn vom gesundheitlichen Mehrwert gibt es nichts gegen tiefgekühlte Frischprodukte einzuwenden. Wer die besten sonnengereiften Tomaten aus Italien geniessen will, kauft am besten verarbeitete Produkte. Sie schmecken um ein Vielfaches besser als die heute frisch erhältlichen Hors-sol-Tomaten. Diese Pflanzen wachsen nicht in der Erde, sondern in einer Nährlösung und die Früchte schmecken wie Plastik. Die Holländer mögen gute Kapitäne und Entdecker hervorgebracht haben, in der Produktion von Lebensmitteln sind sie Barbaren.

MÄNNER UND FRAUEN IN DIE KÜCHE!

Kochen ist auch Heimat. Produkte von hier mit wenig Aufwand in eine kleine Mahlzeit zu verwandeln, macht glücklich. Es schmeckt besser, duftet besser, riecht besser und ist gesünder als das Essen vom Imbissstand. Weigert euch, diese Zumutung zu akzeptieren. Wenn die Kunden ausbleiben, besinnt sich vielleicht das eine oder andere Unternehmen und richtet eine Strassenküche nach asiatischem Vorbild ein. Dann, ja dann werde ich auch hin und wieder etwas Kleines auf dem Trottoir essen.

Alfred Haefeli

SUPPEN

Süsskartoffelsuppe – 16
Bündner Gerstensuppe – 18
Weinsuppe – 20
Süssscharfe Birnensenf-Suppe – 22
Altdorfer Beenälisuppä – 24
Bergsuppe mit Gruyère AOP – 26
Tomatensuppe mit Kräutern – 28
Emmentaler Käsesuppe – 30
Appenzeller Biersuppe – 32
Minestrone – 34
Kürbis-Karotten-Cremesuppe – 36
Rustikale Sauerkrautsuppe – 38

Süsskartoffelsuppe

FAST VERGESSENE GEMÜSE SIND IM TREND

Gemüse und Früchte sind gesund. Schöner, grösser und makellos müssen sie sein, sonst lässt die Kundschaft sie links liegen. Doch es gibt eine gegenläufige Bewegung, die mittlerweile nicht nur an den Wochenmärkten, sondern auch von Grossverteilern gepflegt wird. Die Süsskartoffel ist eine Migrantin wie die Tomate, die Kartoffel und andere aus Südamerika importierte Genüsse. In der Küche wird die Batate, wie sie auch genannt wird, anstelle der Kartoffel eingesetzt. Sie schmeckt gebacken, gebraten, gratiniert, frittiert, püriert. Das süssliche, leicht nach Karamell schmeckende «Fleisch» kann zudem für Desserts und Salat verwendet werden. Besonders aromatisch sollen die rotfleischigen Sorten sein. Kein Wunder, dass dieses vielseitige «Retro-Gemüse» nicht nur von Nostalgikern geschätzt wird, sondern sogar von Spitzenköchen.

---

500 g rotfleischige Süsskartoffeln – 6 dl Wasser – ½ TL frisch geriebene Ingwerwurzel – ½ TL Korianderpulver – je 1 Prise Kardamom- und Chilipulver – Salz – 1 dl Schlagrahm – wenig Liebstöckel, nach Belieben

1 Süsskartoffeln schälen und zerkleinern, mit dem Wasser aufkochen und bei schwacher Hitze köcheln lassen, bis die Süsskartoffeln weich sind. Pürieren.
2 Süsskartoffelsuppe mit den Gewürzen aufkochen, nach Belieben mit Salz abschmecken. In vorgewärmten Tellern anrichten. Mit Schlagrahm und nach Belieben mit Liebstöckel garnieren.

Süsskartoffel

EXOTISCHE KNOLLE MISCHT DIE KÜCHE AUF

Christoph Kolumbus brachte die Süsskartoffel zusammen mit vielen anderen botanischen Schätzen nach Europa. In Spanien und Portugal gedeiht sie ganz ausgezeichnet. In der Schweiz aber dürfte der Anbau eher ein Privatvergnügen sein. Die rosafarbene Erdknolle liebt tropisches und subtropisches Klima. Auch ihr Name täuscht: Sie ist keine Kartoffel, sondern gehört zur Familie der Windengewächse. Ihr kulinarischer und gesundheitlicher Wert ist immens: Sie ist das nährstoffreichste Gemüse, und mit ihren Vitalstoffen gilt sie als reinste Naturapotheke. Der regelmässige Genuss soll sich positiv auf Diabetes, Blutdruck- und Cholesterinwerte auswirken. Selbst aphrodisierende Kräfte werden ihr zugeschrieben. Wie auch immer, die Batate ist eine echte Bereicherung für die Küche. Selbst die Blätter könnten zu spinatähnlichen Gerichten verarbeitet werden.

Bündner Gerstensuppe

SO VIELE REZEPTE, WIE ES IN GRAUBÜNDEN TÄLER GIBT

Die Bündner Gerstensuppe ersetzt eine ganze Mahlzeit. Neben Rollgerste gehören auch Gemüse und getrocknetes Fleisch dazu. Doch Gerstensuppe ist nicht Gerstensuppe: Die Rezepte dieses Klassikers aus der Bündner Bauernküche sind so variantenreich wie der schöne Bergkanton mit seinen 150 Tälern. Die Frage, warum im Bündnerland ausgerechnet die Gerste einen prominenten Platz in der Bauernküche einnimmt, ist rasch geklärt: Gerste als eine der ältesten Getreidearten weltweit wird hier seit der Bronzezeit angepflanzt. Im Gegensatz zu anderen Getreidearten oder den Kartoffeln gibt sich dieses Süssgras auch mit kargem Boden und eher rauem Klima zufrieden. Darum, und weil seine Körner eine kurze Reifezeit haben, ist es auch für den Anbau in höheren Lagen tauglich.

---

1 EL Butter – 1 kleine Zwiebel – 100 g gemischtes Gemüse: Lauch, Karotte, Knollensellerie – je 20 g Rohschinken und Bündnerfleisch – 100 g Rollgerste – 1,6 l Gemüsebouillon – Salz – frisch gemahlener Pfeffer – frisch geriebene Muskatnuss – 1½ dl Rahm – 1½ dl Schlagrahm – 1 Bund Schnittlauch, fein geschnitten

1 Gemüse, Rohschinken und Bündnerfleisch in Würfelchen (Brunoise) schneiden.

2 Gemüse, Fleisch und Rollgerste in der Butter andünsten, mit der Gemüsebouillon auffüllen, aufkochen. Bündner Gerstensuppe bei schwacher Hitze 1 Stunde köcheln lassen. Je nach Konsistenz mit Wasser verdünnen. Rahm unterrühren, einige Minuten köcheln lassen. Suppe würzen. Schlagrahm unterziehen. Anrichten. Mit Schnittlauch garnieren.

Morga Gemüsebouillon

Gemüsebouillon gehört, wie Salz und Pfeffer, in jede «schnelle» Küche. Seit Generationen wird dieses praktische Würzmittel, welches es in Würfelform, als Paste oder Instant-Granulat gibt, mit dem Namen «Morga» verbunden. Das Credo des modernen Toggenburger Familienunternehmens, die Erkenntnisse der Ernährungswissenschaft mit grösstmöglicher Naturbelassenheit und höchster Qualität zu vereinigen, kommt auch in dieser Sparte voll zum Tragen. In den Varianten «konventionell», «Classic» oder «Bio» verleiht die Morga Gemüsebouillon den Speisen ein angenehmes, ausgewogenes Aroma. Ob für Suppen, Gemüse, Teigwaren oder Reis, das ergiebige, aus hochwertigen, rein pflanzlichen Rohstoffen hergestellte Produkt perfektioniert den Essgenuss.
www.morga.ch

Weinsuppe

EINE EINLEUCHTENDE ERKLÄRUNG

«Jeder hat den Brei (oder die Suppe) selber auszulöffeln», dieses geflügelte Wort stammt aus der Zeit, als sich die einfachen Leute in der Schweiz vorwiegend von Suppe oder Brei aus Hafer und Hirse ernährten, die mit Wildkräutern, Feldfrüchten – und an Feiertagen vielleicht auch mit einem Stück Fleisch angereichert wurden. Angesetzt wurde beides mit Flüssigkeiten wie Wasser oder Milch. Aus Gegenden, wo Reben angepflanzt wurden, kennt man auch Rezepte für Weinsuppen, die sich Zünfter und andere Honorationen bei ihren noblen Gelagen gern zu Gemüte führten. Noch heute gehört dieser Auftakt in deftiger oder exquisiter Auflage zu den besonderen Genüssen.

---

40 g Butter – 2 Schalotten, fein gewürfelt – 1 kleiner Lauch, nur weisse Teile, in Ringen – 30 g Risottoreis – 2 dl Riesling x Sylvaner – 3 dl Geflügelbouillon – 10 g Hefe – 1½ dl Rahm – Salz – frisch gemahlener Pfeffer – Muskatnuss – 16 weisse Traubenbeeren, geschält, halbiert, entkernt – Kerbel

1 Schalotten und Lauch in der Butter andünsten, Reis mitdünsten, mit Weisswein und Geflügelbouillon ablöschen, aufkochen, Hefe zugeben, die Suppe bei schwacher Hitze 40 Minuten köcheln lassen. Suppe mit Stabmixer aufmixen, durch ein Haarsieb passieren, die Hälfte des Rahms zugeben. Weinsuppe mit Salz, Pfeffer und Muskatnuss abschmecken, restlichen Rahm zugeben. Suppe mit Stabmixer schaumig aufmixen. Nochmals abschmecken.

2 Weinsuppe in vorgewärmten Suppentellern anrichten, Trauben zugeben, mit Kerbel garnieren.

Hartmann Weine

EIN SÜFFIGES RÖMISCHES ERBE

Bereits zu Beginn der christlichen Zeitrechnung pflanzten die Römer in der Nähe des Legionslagers Vindonissa Reben an. Seither werden an geschützten Lagen am Jura-Südfuss Reben gepflegt und Weine hergestellt. In den letzten Jahrzehnten hat die Qualität einheimischer Weine einen gewaltigen Quantensprung gemacht. Daran sind Weinbauern und Önologen wie Bruno Hartmann vom alteingesessenen Remiger Weinbaubetrieb beteiligt. Sie betreiben ihr Metier mit Herzblut und bringen Spitzenweine hervor. Neben Spezialitäten mit dem Vinatura-Label betreut er zusammen mit den Winzerkollegen Peter Zimmermann, Schebi Baumann und Heinz Simmen auch einen der vier Römer-Rebberge, die 2010 nach antikem Vorbild neu angelegt wurden.
www.weinbau-hartmann.ch

Süssscharfe Birnensenf-Suppe

GEBEN SIE IHREN SENF DAZU

Beim Thema Senf geht es meistens um die Wurst. Doch Senf – von mild und süss bis extra-scharf – kann man fast überall nach Belieben dazugeben, sei es zu Salat- oder unzähligen anderen Saucen, Kartoffelstock oder Suppen. Palladius, dem die Nachwelt das erste überlieferte Senfrezept verdankt, vermischte zerstossene Senfkörner mit Olivenöl, Essig und Honig. Ganz besonders die mit zusätzlichen Gewürzen oder Früchten hergestellten Senfvariationen eröffnen ganz neue kulinarische Möglichkeiten und verleihen vielen Gerichten das gewisse Etwas. Spitzenköche und Hausfrauen peppen ihr kulinarisches Spektrum mit eigenen Senfkreationen auf. Für Eilige gibt es inzwischen auch unzählige kommerziell hergestellte Senfprodukte in den Verkaufsregalen.

---

50 g Butter – 1 mittelgrosser Lauch – 40 g Dinkelweissmehl – 1 l Gemüsebouillon – 250 g Crème fraîche – 100 g Birnensenf – Salz – 1 Spritzer Tabascosauce – Blütenhonig

1 Grobfasrige Teile beim Lauch entfernen, Stange in sehr feine Ringe schneiden.
2 Butter in einer Pfanne bei schwacher Hitze erwärmen, Lauch darin andünsten, mit Mehl bestäuben, mit Gemüsebouillon ablöschen, unter Rühren aufkochen, Suppe bei schwacher Hitze 10 Minuten köcheln lassen. Crème fraîche und Birnensenf unterrühren, mit Salz, Tabascosauce und Blütenhonig süsspikant abschmecken.

Birnensenf

SENF-SELECTION VON BIOFARM

Im Gegensatz zu anderen Gewürzen war der bereits in der Antike bekannte Senf immer sehr preiswert und auf der ganzen Welt verbreitet. Am Grundrezept hat sich in den vergangenen Jahrtausenden wenig geändert. Doch bei vielen Produkten entspricht die Qualität nicht immer dem schönen Etikett, ganz besonders bei sogenannten Delikatess-Senfen. Bei der Biofarm Senf-Selection jedoch kann man sich hundertprozentig darauf verlassen, dass die Zutaten echt und auserlesen sind und von Schweizer Bio-Bauern angebaut werden. Der fruchtige Birnensenf beispielsweise enthält Apfelessig, Birnensaftkonzentrat, Senfsamen – eine würzig-milde Delikatesse, die zu vielem passt und zu der nichts mehr hinzuzufügen ist.
www.biofarm.ch

Altdorfer Beenälisuppä

IN ALTDORF GIBT'S KEINE SUPPENKASPER

Im Herbst und im Winter ist eine warme, nahrhafte Suppe das beste Mittel gegen die Kälte. Die Altdorfer Beenälisuppä besteht aus eingeweichten Borlottibohnen und kann nicht dick genug sein. Zusammen mit gekochten Würstchen oder Wursträdchen ersetzt sie eine ganze Mahlzeit. Das Beste an einer solchen Suppe ist, dass sie aufgewärmt noch besser schmeckt. Durch die Zugabe von Gewürzen wie Kümmel, Ingwer und Petersilie kann die «treibende Kraft» der Bohnen gemildert werden.

---

20 g Butter – 1 mittelgrosse Zwiebel – 1 Knoblauchzehe – 50 g kleine weisse Bohnen – 60 g Borlottibohnen – 50 g Weissmehl – 20 g Gelberbsenmehl – 100 g festkochende Kartoffeln – 30 g Risottoreis – Salz – Gemüsebouillon

1 Getrocknete Bohnen über Nacht in reichlich Wasser einweichen. Einweichwasser weggiessen.

2 Mehl auf ein kleines Blech verteilen und im Ofen bei 230 °C hellbraun rösten, abkühlen lassen. Geröstetes Mehl und Erbsenmehl mit ½ l Wasser glatt rühren.

3 Zwiebel und Knoblauch klein würfeln, in der Butter andünsten, eingeweichte Bohnen zugeben, mit ½ Liter Wasser ablöschen, Mehlwasser einrühren, aufkochen, Suppe bei schwacher Hitze köcheln lassen, bis die Bohnen weich sind. Kartoffeln schälen und in Würfelchen schneiden, mit dem Reis zur Suppe geben, weitere 20 Minuten köcheln lassen. Mit Salz und Gemüsebouillon würzen. Je nach Konsistenz mit Wasser verdünnen.

Altdorfer Suppenanstalt

IN DER NOT ENTSTANDENES BRAUCHTUM

Es gibt wenig Suppen mit einer derart interessanten Geschichte wie die der Altdorfer Beenälisuppä. 1880 wurde im Urner Hauptort eine Suppenanstalt gegründet, in welcher Kinder und Bedürftige im Winter täglich mit einer warmen, sättigenden Mahlzeit verköstigt wurden. Es gibt sie noch heute, die «Suppi», und für Kinder ist die Suppe nach wie vor gratis. Wurden in den krisengeschüttelten 1930er-Jahren über 7000 Liter Suppe ausgeschenkt, wird heute an rund 45 «Suppentagen» noch knapp die Hälfte konsumiert. Am Rezept des Schlüssel-Wirts, der die Suppe damals als «echte Götterspeise» bezeichnete, hat sich wenig geändert. Schwärmerisch dichtete Ruedi Geisser zum 100-Jahr-Jubiläum der Altdorfer Suppenanstalt: «Weer si scho gha het, chat nit widerstaa, weer si nit kännt, dr sett äinisch ha!»

Bergsuppe mit Gruyère AOP

BERGLUFT TUT NICHT NUR DEN MILCHKÜHEN GUT

Wer in den Bergen wohnt, lebt nicht unbedingt im Schlaraffenland. Doch vielleicht stand gerade die Kargheit der Natur und die damit verbundene Wertschätzung für alles, was sie den Menschen schenkt, so manchem bodenständigen Gericht Pate. Die Bergsuppe mit Gruyère AOP gehört in diese Kategorie. Wasser, Milch und Rahm gibt es in jeder Sennhütte, und wo Vieh gehirtet wird, wachsen Brennnesseln und wilder Spinat direkt vor dem Stall. Der Käse aus silofreier Rohmilch wird, mit Ausnahme des Gruyère d'Alpage, nicht mehr über dem offenen Holzfeuer hergestellt, ist aber noch immer mit viel Handarbeit verbunden. Kartoffeln, Zwiebeln und Teigwaren gehören zum Vorrat auf der Alp. Was braucht es mehr? Die Suppe wärmt und nährt. Das frische Grünzeug enthält viel von den natürlichen Vitalstoffen, die dem Körper Lebenskraft verleihen.

FÜR 6 PERSONEN 1½ kg festkochende Kartoffeln − 2 mittelgrosse Zwiebeln, klein gewürfelt − 1 l Milch − 2 l Wasser − 200 g kurze Teigwaren, z. B. Krawättli − 1 Handvoll erntefrischer Spinat − 1 Handvoll Brennnesselspitzen − Salz − 1 dl Rahm − 300 g Gruyère AOP, in Scheiben

1 Kartoffeln schälen und in Würfel schneiden.
2 Kartoffeln und Zwiebeln mit Milch und Wasser aufkochen, etwa 30 Minuten köcheln lassen, Teigwaren zugeben und al dente kochen, Spinat und Brennnesseln zugeben, weitere 5 Minuten köcheln lassen, mit Salz würzen, Rahm zugeben, nicht mehr kochen.
3 Gruyèrescheiben in vorgewärmte Teller legen, Bergsuppe dazugiessen.
TIPP Ein Stück Speck in der Suppe mitkochen.

Gruyère AOP

DER ERSTE UNTER DEN VIELEN SCHWEIZER KÄSESORTEN

Der Gruyère AOP gehört zu den ehrlichsten, ursprünglichsten Hartkäsen, kann er doch ohne aufwendige Einrichtungen hergestellt werden. Der Teig ist kompakt und trotzdem so rahmig-mürbe, dass er einem fast auf der Zunge zergeht. Der Gruyère AOP hat eine Reifezeit von mindestens 5 Monaten, gewisse Spezialitäten reifen sogar 30 Monate. In dieser Zeit nimmt die Rinde ein rustikales, hellbraunes Aussehen an. In seinem herzhaft-pikanten, leicht nussigen Aroma ist die ganze Kräutervielfalt der Bergwiesen gespeichert. In schriftlichen Quellen ist nachzulesen, dass im Greyerzerland schon im Jahre 1115 Käse hergestellt wurde. Ob der Gruyère AOP dem «König der Käse» sogar zu Gevatter stand?
www.gruyere.com

Tomatensuppe mit Kräutern

PARADIESÄPFEL IN FLÜSSIGER FORM

Solche «Neophyten» lassen wir uns gern gefallen: Die von Kolumbus mitgebrachte Tomate wird als Gemüse gehandelt. Dabei ist die rote Frucht eine Beere. Es war wohl eine italienische Nonna, die in einen der bis ins 18. Jahrhundert vorwiegend als Zierfrucht gehaltenen Paradiesapfel biss. Es blieb nicht beim einen Biss, sonst gäbe es weder die klassische Tomatensauce zu den Spaghetti noch all die anderen Tomatenrezepte, von denen hier eine besonders leckere flüssige Form vorgestellt wird. Das Nachtschattengewächs ist ein Sonnenkind, und die Wärme lässt das Aroma der alten, geschmacksintensiven Sorten explodieren. Ein richtiges Powerpaket von grossem gesundheitlichem Nutzen ist auch die oft als verwelkte Dekoration eingesetzte Petersilie. Sie helfe jedem «Mann aufs Pferd», behauptet der Volksmund.

2 EL Öl – 1 mittelgrosse Zwiebel, klein gewürfelt – 1 kleine Knoblauchzehe, klein gewürfelt – 4 EL Tomatenmark/-püree – 500 g reife Tomaten – reichlich Petersilie, entstielt, grob gehackt – 4 dl Gemüsebouillon – Salz – frisch gemahlener Pfeffer

1 Bei den Tomaten den Stielansatz ausstechen, Tomaten würfeln.
2 Zwiebeln im Öl andünsten, Knoblauch und Tomatenmark mitdünsten, Tomaten und Kräuter beifügen, mit der Gemüsebouillon ablöschen, 10 bis 15 Minuten köcheln lassen. Mit dem Stabmixer fein pürieren. Nach Belieben durch ein feines Sieb streichen, um die Häutchen zu entfernen. Nochmals erhitzen, mit Salz und Pfeffer abschmecken.

Tomatenpüree

KONZENTRIERTE SONNENKRAFT

Mit vielen frischen, sonnengereiften Tomaten aus dem Garten schmeckt diese Suppe selbstverständlich am besten. Da Tomaten zu den stark wasserhaltigen Gemüsen gehören, gibt man am besten etwas Tomatenpüree dazu. Dieses Konzentrat eignet sich auch ausgezeichnet, um Saucen oder Eintöpfe anzudicken. Es macht die Farbe intensiver und wertet das Aroma geschmacklich auf. Reife Tomaten sind eine richtige Hausapotheke und randvoll mit wertvollen Inhaltsstoffen. Sie enthalten Vitamine und Mineralien, vor allem aber Lycopin, das zu den Krebskillern gehören soll. Erst recht, wenn sie von Bio-Betrieben stammen. Unterdessen ist die Sortenvielfalt bei den frischen Bio-Tomaten gewachsen, es gibt auch viele alte, aromatische Sorten. Tomatenpüree ist ebenfalls in Bio-Qualität erhältlich.

Emmentaler Käsesuppe

AROMATISCHER FLEISCHERSATZ

In einem Land, wo Milch und Rahm «fliessen», liegt es auf der Hand, dass die vorhandenen Nahrungsmittel kombiniert und zu währschaften Gerichten verarbeitet werden. Das ist bereits in Jeremias Gotthelfs Emmentaler-Romanen nachzulesen. Der Stammbaum des Emmentalers AOP jedoch reicht bis ins 13. Jahrhundert zurück. Es ist anzunehmen, dass schon damals «Chässoppe» aufgetischt wurde. Es heisst gar, sie sei ein Vorläufer des Fondues gewesen. Jedenfalls gehört sie zu den althergebrachten Gerichten, die man in unzähligen Varianten und mit verschiedensten Zutaten kennt. Und weil Käse viel Eiweiss und Kalzium enthält, kann man bei einer solchen Mahlzeit gut und gern auf Fleisch verzichten.

---

6 dl Wasser – 2 dl Weisswein – 50 g Zwiebeln, klein gewürfelt – 10 g Knoblauch, klein gewürfelt – 10 g Hühnerbouillonpaste – 100 g extrareifer Emmentaler AOP – 100 g reifer Gruyère AOP – 20 g Maisstärke – wenig frisch geriebene Muskatnuss – frisch gemahlener Pfeffer – 2 dl Schlagrahm – wenig gehackte Petersilie

1 Wasser, Weisswein, Zwiebeln, Knoblauch und Hühnerbouillonpaste aufkochen, etwa 5 Minuten köcheln lassen.
2 Emmentaler und Gruyère auf der Röstiraffel reiben, mit der Maisstärke mischen, unter die kochende Suppe rühren, aufkochen. Suppe mit Muskat und Pfeffer abschmecken, Schlagrahm unterziehen. Anrichten. Mit der Petersilie garnieren. Sofort servieren.

Emmentaler AOP

Der Emmentaler AOP gilt als König unter den Käsesorten. Nicht nur, weil er mit bis zu 140 Kilogramm Gewicht der grösste, sondern auch, weil er der weltbeste Käse ist. Das aus frischer Rohmilch hergestellte Produkt wird in rund 140 Dorfkäsereien zwischen dem Bernbiet und der Ostschweiz hergestellt. Nachahmer gibt es auf der ganzen Welt. Doch vieles, was als «Emmentaler» verkauft wird, hat nicht viel mit dem Original gemeinsam. Der echte Emmentaler AOP aber bleibt unerreicht, wie sich am World Championship Cheese Contest 2014 in den USA einmal mehr zeigte. Es gibt ihn in verschiedenen Reifegraden. Sein Aroma reicht von nussig-mild bis ausgeprägt-würzig, und die «Tränen» oder Salzkristalle in den runden, sortentypischen Löchern sind ein Zeichen höchster Güte.
www.emmentaler.ch

Appenzeller Biersuppe

VERMÄHLUNG ZWEIER ECHTER APPENZELLER

Was entsteht aus der Verbindung einer kühlen Blonden und einem rassigen Bergler aus dem Säntisgebiet? Richtig geraten: eine rezente Biersuppe mit Käse – beide mit Appenzeller Heimatschein. Die meisten trinken das Bier – schön gekühlt – am liebsten aus der Flasche oder aus dem Glas. Doch Bier ist nicht nur zum Trinken da. Wird der Hopfensaft als Kochflüssigkeit eingesetzt, betont er, trotz seines ausgeprägten Geschmacks, die Aromen der einzelnen Zutaten. Biersuppe war im deutschen Sprachraum schon im 19. Jahrhundert ein Klassiker und wurde bereits zum Frühstück aufgetischt. Zusammen mit Appenzeller® Käse ist sie noch heute eine nahrhafte Spezialität aus der Hausmannsküche.

---

20 g Butter – 25 g Mehl – 3 dl helles Bier – ½ l Gemüsebouillon – 1 TL Zitronensaft – 2 dl Rahm – Salz – frisch gemahlener Pfeffer – einige junge Meerrettich- oder Spinatblätter, fein geschnitten – 1–2 fein geschnittene Hopfendolden (-zapfen), nach Belieben – wenig Butter – 2 Toastbrotscheiben, gewürfelt

1 Toastbrotwürfelchen in der Butter goldgelb braten.
2 Für die Suppe Mehl in der Butter andünsten, mit Bier ablöschen und mit Gemüsebouillon auffüllen, unter Rühren aufkochen, 5 Minuten köcheln lassen. Zitronensaft unterrühren. Rahm unterrühren, nochmals unter dem Kochpunkt erhitzen, mit Salz und Pfeffer würzen.
3 Biersuppe in vorgewärmten Suppentellern anrichten, mit Meerrettich und Hopfendolden garnieren. Brotwürfelchen separat servieren.

HOPFENDOLDEN (-ZAPFEN) geben der Suppe einen bitter-herben Geschmack.

Appenzeller® Käse und Bier

BIER UND KÄSE BEREICHERN JEDE KÜCHE

Bier dürfte schon vor Jahrtausenden gebraut worden sein; der älteste schriftliche Hinweis stammt aus dem Jahr 766 und erwähnt eine Bierlieferung an das Kloster St. Gallen. 1886 wurde die Bierbrauerei Locher gegründet. Sie gehört zu den ältesten noch existierenden Brauereien der Schweiz. Mit ihren innovativen Produkten machte sie die Marke «Appenzeller Bier» in der ganzen Schweiz bekannt.

Auch die Käseherstellung geht in graue Vorzeiten zurück. Schon die Römer liebten den «Caseus Helveticus». Seit dem 13. Jahrhundert wird im Appenzellerland Käse hergestellt. Doch der Weg von jenem «Appenzeller» bis zum geschützten Markenprodukt und dem Kult um die Kräutersulz war lang. Das Geheimnis wurde nie gelüftet. Trotzdem schwärmt sogar Uwe Ochsenknecht vom «rässe Appezöller Chäs».

www.appenzeller.ch / www.appenzellerbier.ch

Minestrone

DIE BUNTESTE SUPPE

Eine richtige Minestrone ist so reichhaltig, dass der Löffel im Suppentopf stehen bleibt. Im Tessin hat sie eine lange Tradition, «erfunden» wurde sie von den Italienern. Doch auch diese wissen nicht genau, wo die Geburtsstätte dieser wohl bekanntesten Restenverwertung liegt. Wie viele andere Gerichte, die nicht mehr aus unserem helvetischen Speisezettel wegzudenken sind, haben uns die «amici» aus dem Süden die bunteste aller Suppen dieser Welt mitgebracht. In Norditalien und im Tessin werden Karotten, Kartoffeln, Zwiebeln, Fenchel und Sellerie als Grundlage verwendet. Die weiteren Zutaten reichen von Bohnen, Linsen, Reis, Teigwaren bis zum Speck und vielem mehr. Damit hat die Minestrone den Weg vom Armeleute-Essen zum wohl bekanntesten Eintopfgericht geschafft.

1,2 kg Gemüse: Blumenkohl, Brokkoli, Zucchino, Karotte, Lauch, Stangensellerie, grüne Bohnen, Knollensellerie – 200 g grosse weisse Bohnen – 1½ l Gemüsebouillon – 1 Lorbeerblatt – Salz – frisch gemahlener Pfeffer – Olivenöl, zum Beträufeln – fein gehackte Petersilie, nach Belieben

1 Weisse Bohnen über Nacht in reichlich Wasser einweichen. Einweichwasser weggiessen. Bohnen in viel frischem Wasser aufkochen und bei schwacher Hitze weich garen; das dauert etwa 45 Minuten. Schaum abschöpfen.

2 Gemüse putzen/schälen und in mundgerechte Stücke schneiden.

3 Gemüse, weisse Bohnen, Gemüsebouillon und Lorbeerblatt aufkochen, Suppe bei schwacher Hitze rund 30 Minuten köcheln lassen. Mit Salz und Pfeffer würzen. Minestrone anrichten. Mit Olivenöl beträufeln. Petersilie darüberstreuen.

VARIANTEN Minestrone mit Kartoffeln und/oder Nudeln/Teigwaren anreichern.

Hülsenfrüchte von Morga

Vor der Globalisierung waren Gerichte aus getrockneten Hülsenfrüchten ein Hauptbestandteil des Speisezettels. Sie konnten gut aufbewahrt werden und waren günstig. Zusammen mit Lagergemüse bilden sie eine gute Kombination, denn kaum ein anderes Nahrungsmittel enthält so viel wertvolles pflanzliches Eiweiss, Mineralstoffe, Vitamine und Ballaststoffe. Sensibilisiert für eine hochwertige vegetarische Ernährung nahm die 1930 gegründete Toggenburger Firma Morga AG schon sehr früh Hülsenfrüchte aus aller Welt in ihr Sortiment auf. Und auch hier kommt das Credo des modernen Familienunternehmens zum Tragen, die Erkenntnisse der Ernährungswissenschaft mit grösstmöglicher Naturbelassenheit und höchster Qualität zu vereinigen.
www.morga.ch

Kürbis-Karotten-Cremesuppe

WEDER GEMÜSE NOCH OBST, SONDERN BEERE

Der Kürbis hat sich längst zum Standardprodukt in der Herbst- und Winterküche gemausert. Die Formen und Farben sind sehr abwechslungsreich. Sein «Fleisch» hat wenig Aroma. Um daraus ein wirklich gutes Gericht zu zaubern, braucht es ein paar rassige Zutaten. Allgemein wird der Kürbis als Gemüse gehandelt. Botanisch jedoch gilt er als Beere und gehört damit zur Kategorie Obst. Darum gibt es nicht nur rezente, sondern auch eine Vielzahl süsser Kürbisgerichte. Einer sämigen, goldgelben Kürbissuppe wird kaum jemand widerstehen können. Vor allem, wenn draussen die Herbststürme um die Hausecken pfeifen oder die Welt in Winterkälte erstarrt.

FÜR 8 PERSONEN 3 EL Olivenöl – 1 grosse Zwiebel, klein gewürfelt – 300 g Karotten – 1 Kürbis, am besten Muscade de Provence, 500 g Fruchtfleisch – 1 Lorbeerblatt – ca. 1½ l Gemüsebouillon – 2 dl Rahm – Salz – frisch gemahlener weisser Pfeffer – 1 Prise geriebene Muskatnuss – 1 Sträusschen glattblättrige Petersilie, Blättchen abgezupft und fein gehackt

1 Karotten schälen und klein würfeln.
2 Dem Kürbis einen Deckel abschneiden (siehe Bild), Kerne herauslösen. Kürbis aushöhlen und Fruchtfleisch klein schneiden.
3 Zwiebeln im Öl andünsten, Karotten und Kürbis mitdünsten, Lorbeerblatt zugeben, mit Gemüsebouillon ablöschen, Suppe bei schwacher Hitze köcheln lassen, bis das Gemüse weich ist. Lorbeerblatt entfernen. Suppe pürieren.
4 Suppe mit Rahm unter Rühren erhitzen, je nach Konsistenz mit Gemüsebouillon verdünnen. Würzen. Petersilie zugeben. Suppe in die Kürbisschale giessen.

Kürbis

VOM SCHWEINEFUTTER ZUM GOURMET-GEMÜSE

Um ihre Existenz zu sichern, machten die Brüder Martin und Beat Jucker in den 1990er-Jahren Versuche mit dem Anbau neuer Feldprodukte, so auch mit Kürbissen. Heute deckt der Zürcher Bauernbetrieb 60 Prozent des Schweizer Kürbismarktes ab. Internationale Bekanntheit hat seine zur Tradition gewordene Kürbisausstellung erlangt. Mit Guiness-würdigen Riesenkürbissen und originellen Kürbisskulpturen sorgt diese jedes Jahr für Furore. Das zum Erlebnishof expandierte Unternehmen heisst inzwischen «Jucker Farm AG» und umfasst Betriebe in Seegräben, Rafz und Jona, die neben den Kürbissen auch Spargel, Beeren und andere Agrarprodukte anbauen.
www.juckerfarm.ch

Rustikale Sauerkrautsuppe

SAUER MACHT LUSTIG UND SCHLANK

Regelmässig nach Weihnachten, wenn dem Magen zu viel Guetzli und andere Süssigkeiten zugemutet worden sind, kommt diese unbändige Lust auf Saures. Dann ist Sauerkrautsuppe angesagt, allerdings in der Light-Version. Mit ihren Nahrungsfasern hilft sie, die Verdauung anzukurbeln und Kalorien zu kompensieren. Gerade im Winter, wenn der einheimische Markt nur noch Lagergemüse und Obst bereitstellen kann, ist der Wert des gehobelten, durch Milchsäuregärung haltbar gemachten Weisskabis hoch zu schätzen: 200 Gramm Sauerkraut decken fast die Hälfte des täglichen Vitamin-C-Bedarfs. Gewürze wie Kümmel und Wacholderbeeren mildern die blähende Wirkung. Darum sollte man sich nicht vom Genuss des Wonnekrauts abhalten lassen.

2 EL Butter – 50 g Zwiebeln, klein gewürfelt – 1 kleine Knoblauchzehe – 200 g festkochende Kartoffeln, klein gewürfelt – 300 g rohes Sauerkraut – 1 EL edelsüsses Paprikapulver – 1 dl Weisswein – 1 l Gemüsebouillon – Kräutermeersalz – weisser Pfeffer – **Wacholdertoast** 12 Baguettescheiben – 50 g weiche Butter – 1 EL milder Senf – 8 zerdrückte Wacholderbeeren

1 Zwiebeln und durchgepressten Knoblauch in der Butter andünsten, Kartoffeln mitdünsten, Sauerkraut mitdünsten, mit Paprika bestäuben, mit Weisswein ablöschen und mit Gemüsebouillon auffüllen, aufkochen. Sauerkrautsuppe 20 bis 30 Minuten köcheln lassen. Würzen.

2 Baguettescheiben mit Butter und Senf bestreichen, zerdrückte Wacholderbeeren darüberstreuen. Im vorgeheizten Ofen bei starker Oberhitze kurz überbacken.

3 Suppe anrichten, Wacholdertoast separat servieren.

Sauerkraut

DIE MODERNSTE SAUERKRAUTFABRIK

Wissen Sie, wo das «Chabisland» liegt? Im bernischen Gürbetal werden rund fünfzig Prozent der für die einheimische Sauerkrautproduktion benötigten Kabisköpfe angepflanzt. Umso erstaunlicher, dass Schöni, die grösste Sauerkrautherstellerin, seit bald hundert Jahren im Mittelland angesiedelt ist. In der modernsten Sauerkrautfabrik der Schweiz wird milchsaures Kraut konventionell oder in Bio-Qualität und in vielen Variationen hergestellt: roh, gekocht, küchen- oder fixfertig, als Salat, mit Zwiebeln, mit Wein, mit Speckwürfelchen nach Berner Art oder mit Sauerrüben vermischt. Ganz gleich, welche Schöni-Rezeptur man bevorzugt, alle zeichnen sich durch einen ausserordentlich milden Geschmack aus, den man pur geniesst oder mit Beilagen vielfältig variieren kann.
www.schoeni-swissfresh.ch

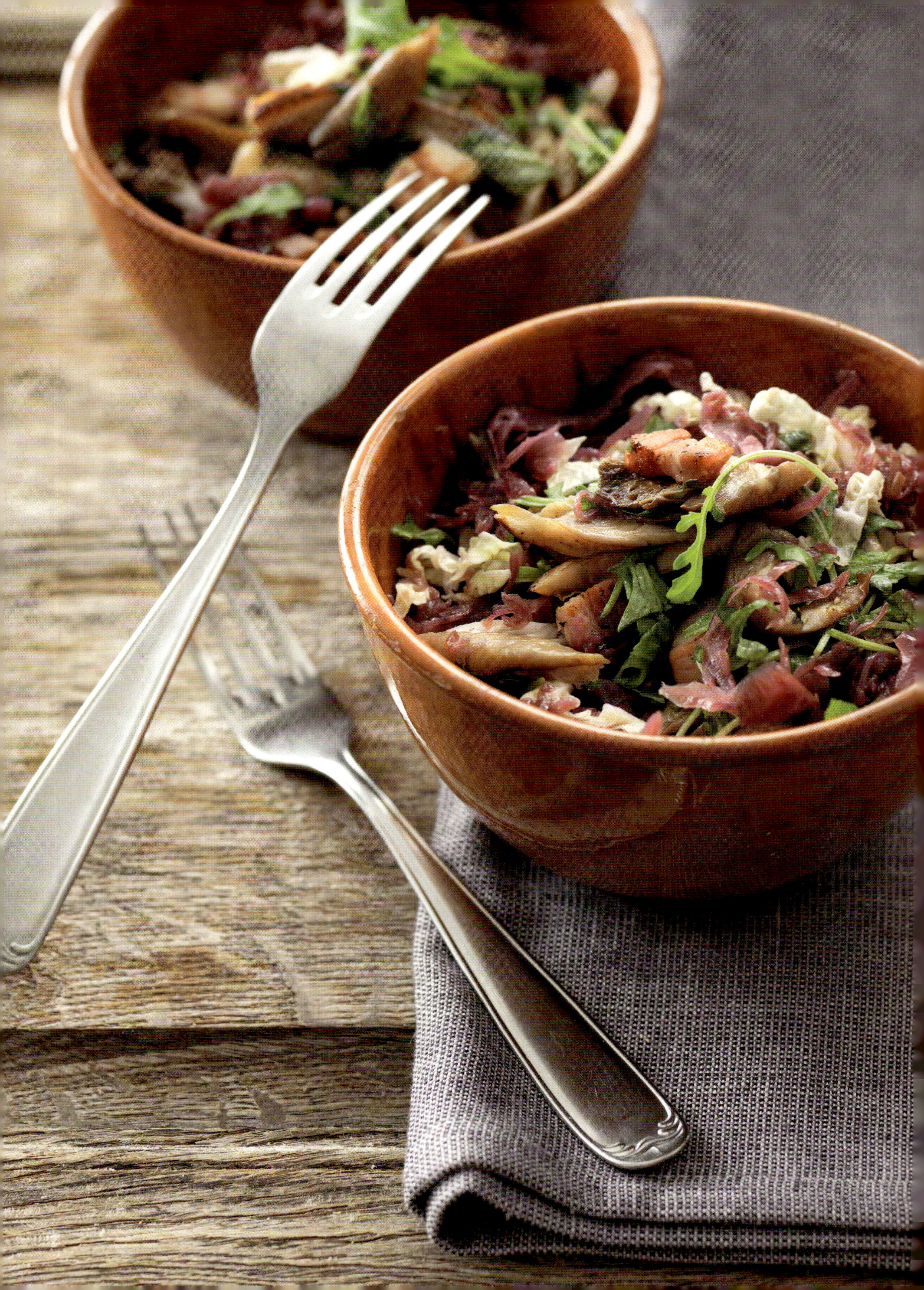

VORSPEISEN & KLEINE MAHLZEITEN

Cervelat-Käse-Salat – 42
St. Galler-Kalbsbratwurst mit Apfel-Zwiebel-Sauce – 44
Hirsekugeln mit buntem Blattsalat – 46
Spargel-Frischkäse-Aufstrich – 48
Müslichüechli – 50
Haferflockenburger mit Lauch – 52
Beignets de Bénichon – 54
Rindscarpaccio mit schwarzer Trüffel – 56
Champignons-Schnitten – 58
Honigkartoffeln mit Kräutern – 60
Tessiner Risotto – 62
Rösti – 64
Maluns – 66
Quarkknöpfli – 68
Rotkrautsalat mit Pilzen und Speck – 70
Rohschinken mit Gemüsestäbchen und Mayonnaise-Dipp – 72
Linsen mit Gemüse – 74
Bündnerfleischröllchen mit Joghurtfrischkäsefüllung – 76
Appenzeller Schnitte – 78
Capuns – 80

Cervelat-Käse-Salat

VOM «ARBEITER-CORDON-BLEU» BIS ZUM «WALDFEST»

Die heute aus feinstem Brät bestehende Brühwurst gilt als Vorläufer der Fast-Food-Produkte. Ob sie männlich oder weiblich ist, darüber streiten sich die Geister. Laut Duden ist die maskuline Form korrekt. Man kann den Cervelat kalt essen, in der Pfanne braten oder grillieren. Die kurze, dicke Wurst im dünnen Rinderdarm schmeckt als Arbeiter-Cordon-bleu genauso gut wie als bodenständige Abwandlung des Gulaschs. Als delikater Wurstsalat punktet er selbst bei der Cervelat-Prominenz. Nach ihren Lieblingsprodukten befragt, verraten im Ausland tätige Spitzenköche oft, dass ihnen persönlich nichts über ein gutes «Waldfest» (mit Brot und Senf) oder einen Wurstsalat gehe. Im Gegensatz zu Käse und Schokolade ist der Cervelat als typisches Schweizer Produkt im Ausland nämlich kaum erhältlich.

4 Cervelats − 1 grosse Zwiebel, klein gewürfelt − 100g Emmentaler Käse − 2–3 Essiggurken − 1 Fleischtomate − **Sauce** 2EL Obstessig − 1EL Senf − 3EL Rapsöl − Salz − frisch gemahlener Pfeffer

1 Cervelats häuten, längs halbieren und in feine Scheiben schneiden. Emmentaler Käse in Stäbchen schneiden. Essiggurken längs halbieren oder vierteln und in feine Scheiben schneiden. Bei der Tomate den Stielansatz ausstechen, Tomate in Würfelchen schneiden.

2 Alle Zutaten mit der Sauce mischen.

Cervelat

DIE SCHWEIZER KULTWURST

Der Cervelat gehört längst zum Schweizer Kulturgut. Fest im Biss, mit mild-rauchigem Aroma schmeckt die populärste Schweizer Wurst dem Banker genauso wie dem Büezer. Den «zerwùlawirstlach» gabs schon im 16. Jahrhundert – von den Zutaten her eine echte Luxuswurst. Erst mit der Erfindung des Fleischwolfs im 19. Jahrhundert und einer veränderten Zusammensetzung (Rindfleisch und Speck) wurde der Cervelat zum billigen Massenprodukt. Für die 1890 gegründete Berner Grossmetzgerei Meinen (sie gehört heute zur Lüthi & Portmann Fleischwaren AG) ist die Wursterei ein wichtiges Standbein. Hohes Traditionsbewusstsein, die Liebe zum Metzgerhandwerk und alt hergebrachte Familienrezepte machen die aus qualitativ hochwertigen Rohstoffen hergestellten Produkte zu einem vertrauenswürdigen kulinarischen Wert.
www.meinen-bern.ch

St. Galler Kalbsbratwurst mit Apfel-Zwiebel-Sauce

OLMA-, KINDERFEST- UND VOLKSBRATWURST

Keine OLMA ohne St. Galler Kalbsbratwurst vom Grill. Auf beiden Seiten schön braun soll sie sein und knacken, wenn man hineinbeisst. «Unvergleichlich im Geschmack, feiner im Brät und abgerundeter im Aroma als alle anderen», lautet der Kommentar von Kennern. Zusammen mit einem Brötchen ist sie die ultimative, völkerverbindende Fest-Verpflegung. Doch OLMA ist nur im Herbst. Bratwürste dagegen schmecken immer. Kein Problem, die St. Galler Bratwürste werden das ganze Jahr über hergestellt und sind in der ganzen Schweiz erhältlich. Wenn die Grill-Saison zu Ende ist, geniessen wir sie halt wieder nach klassischer Art in der Pfanne gebraten. Dazu gehört eine deftige Zwiebelsauce. Durch die Beigabe eines säuerlichen Apfels erhält diese eine ausgewogene Balance.

Öl – 4 St. Galler Kalbsbratwürste – 2 EL Öl – 250 g rote Zwiebeln – 1 grosser, säuerlicher Apfel, z. B. Boskop – 30 g grobkörniger Senf – 2–3 EL heller Honig – Salz – frisch gemahlener Pfeffer

1 Zwiebeln schälen und in Achtel schneiden. Apfel schälen, vierteln, entkernen und in Schnitze schneiden.

2 Zwiebeln im Öl andünsten, ohne dass sie braun werden, Apfelschnitzchen mitdünsten, Senf und Honig unterrühren, zugedeckt weich dünsten, würzen.

3 Bratwürste in einer Bratpfanne in wenig Öl braten. Mit der Apfel-Zwiebel-Sauce anrichten.

Bratwurst

ES IST NICHT WURST, WAS IN DER WURST IST

Nicht jedes weisse Brät, das in dünne Schweinsdärme gefüllt wurde, darf sich nach dem Brühen eine echte St. Galler Kalbsbratwurst nennen. Wer auf sicher gehen will, achtet auf die Herkunft. Die St. Galler Kalbsbratwurst, die St. Galler Bratwurst und die St. Galler Olma-Bratwurst sind seit 2008 mit geschützter geographischer Angaben (GGA) eingetragen und führen das IGP-Label im Namen (Indication géographique protégée). Zu den Spitzenreitern bei Qualitätstests und Degustationen gehört die St. Galler Metzgerei Schmid. Die Rohstoffe – vom Kalb- und Schweinefleisch bis zur Milch – stammen aus der Region und werden nach altem Rezept und in handwerklicher Manier sorgfältig zu den besten echten St. Galler Brühwürsten verarbeitet.
www.metzgereischmid.ch

Hirsekugeln mit buntem Blattsalat

FINGERFOOD ODER BEILAGE

Hirse gehört zu den ältesten und mineralstoffreichsten Getreiden. Um ins märchenhafte Schlaraffenland zu kommen, musste man sich angeblich durch einen «Berg mit Hirssbrey» essen. Das kleinfrüchtige Spelzgetreide prägte die europäische Breikultur bis ins 19. Jahrhundert, wurde dann aber von Kartoffeln und ertragreicheren Getreidearten verdrängt. Heute besinnt man sich wieder auf die wertvolle Goldhirse. Sie bringt viel Abwechslung in die Küche, auch wenn man nicht spezifisch auf glutenfreie Ernährung achten muss. Zubereitet als modernes, lang sättigendes Fingerfood begeistert sie sogar Sportler und junge Leute.

2 EL High-Oleic-Sonnenblumenöl – 1 mittelgrosse Zwiebel, klein gewürfelt – 1 Knoblauchzehe, klein gewürfelt – 240 g Hirsegriess – 2 EL fein gehackte Kräuter: Thymian, Rosmarin, Majoran – je 3 dl Weisswein und Gemüsebouillon – 1 Bio-Zitrone, abgeriebene Schale – Kräutermeersalz – frisch gemahlener Pfeffer – 2 EL fein gehackte Cashewnüsse – High-Oleic-Sonnenblumenöl, zum Braten

1 Zwiebeln und Knoblauch im Öl andünsten, Hirse mitdünsten, mit Kräutern würzen und mit Weisswein und Gemüsebouillon ablöschen, unter Rühren aufkochen, etwa 5 Minuten köcheln lassen, zugedeckt ausquellen lassen. Würzen. Cashewnüsse unterrühren.
2 Aus der Hirsemasse kleine Kugeln formen, im Öl braten.
3 Hirsekugeln mit dem Blattsalat anrichten.

Hirse

HIRSEBREIFAHRT

Die Geschichte der ersten «Hirsebreifahrt» ist legendär: 1456 nahmen die Zürcher an einem Schützenfest in Strassburg teil. Auf dem Flussweg brauchte man drei Tage bis ins Elsass. Die Zürcher Schützen jedoch ruderten frühmorgens los. Noch bevor es Nacht geworden war, offerierten sie ihren Strassburger Freunden vom warmen Hirsebrei, den sie in einem grossen, mit Stroh und Lumpen isolierten Topf mitgebracht hatten. Angebaut wird die Hirse heute vorwiegend in tropischen und subtropischen Gebieten. Seit einigen Jahren wird der Hirseanbau auch in der Schweiz wieder gefördert. Im Jahr 2013 wurden hierzulande 57 Tonnen Rohhirse produziert, die von der Biofarm als Bio-Goldhirse in Knospe-Qualität auf den Markt gebracht wird.
www.biofarm.ch

Spargel-Frischkäse-Aufstrich

DAS GEMÜSE DER KÖNIGE UND FEINSCHMECKER

Einst waren Spargel ein Luxus-Gemüse, das der Oberschicht vorbehalten war. Heute kann man sie schon kurz nach Weihnachten als günstige Importware aus Südamerika kaufen. Das edle Gemüse gedeiht zwar auch in der Schweiz. Doch bis der einheimische Spargel angeboten wird, muss man sich etwas in Geduld üben. Der bereits seit der Antike bekannte Grünspargel ist schon rein optisch ein Genuss. In der Haute Cuisine aber wird der seit dem 19. Jahrhundert kultivierte Weissspargel als klassische Variante gehandelt. Ob grün oder weiss – die frischen Sprossen gelten als Jungbrunnen und Schlankmacher. Sie enthalten viele Vitamine und weitere wertvolle Inhaltsstoffe und belasten den Magen nicht. Es sei denn, dass diese Vorzüge durch die leckeren Saucen und Beilagen gemindert werden.

---

1 Baguette – ½ Bund grüner Spargel – 200 g Hüttenkäse – 4 Borretschblätter oder 1 Bund Schnittlauch, fein geschnitten – Salz – frisch gemahlener Pfeffer – Borretschblüten, für die Garnitur (können gegessen werden), nach Belieben

1 Beim grünen Spargel eventuell das untere Drittel schälen. Spargel im Dampf knackig garen, unter kaltem Wasser abschrecken. Spitzen abschneiden und für die Garnitur beiseitelegen.
2 Restlichen Spargel längs vierteln, Viertel in möglichst kleine Würfelchen schneiden.
3 Spargel, Hüttenkäse und Kräuter mischen, mit Salz und Pfeffer würzen.
4 Baguette in Scheiben schneiden und im Backofen auf Grillstufe rösten.
5 Frischkäse-Aufstrich auf die gerösteten Baguettescheiben verteilen, mit Spargelspitzen und nach Belieben mit Blüten garnieren.

KNUSPRIGE BAGUETTE Baguette unmittelbar vor dem Essen mit dem Frischkäse bestreichen, damit sie knusprig bleibt. Oder den Frischkäse-Aufstrich und den Toast separat servieren.

Spargel

VIEL HANDARBEIT

In der Schweiz wird der zur Familie der Liliengewächse zählende Asparagus officinalis L. seit etwa sechzig Jahren angebaut. Allerdings kommt er nur auf ein Prozent an der gesamten Gemüseanbaufläche, denn das delikate Stangengemüse stellt gewisse Ansprüche an den Boden, das Klima und die Pflege. Die Hauptanbaugebiete befinden sich in der Westschweiz, im Mittelland und in der Ostschweiz. Ob grün oder weiss, der Wurzelstock ist derselbe. Es kommt einzig auf die Anbauweise an: Beim weissen Spargel wird die vornehme Blässe durch einen Erdwall oder das Abdecken mit schwarzer Folie erreicht, während der grüne die Sonnenkraft in den Trieben speichern kann. Je nach Witterung kann er ab Mitte April geerntet werden. Doch bis die zarten Triebe, lose oder schön gebündelt, auf den Markt kommen, ist viel Handarbeit notwendig.

Müslichüechli

EIN HISTORISCHES FINGERFOOD

Im Fett Gebackenes gehört seit Jahrhunderten zu jedem Festessen. Doch solche waren bei uns selten. Dafür gab es, vor allem im Herbst, manchmal sogar unter der Woche Müsli- und Apfelchüechli – sehr zur Freude von uns Kindern. Mit der länglichen Form und dem dünnen Blattstiel sehen sie tatsächlich wie «Müsli» aus. Die aromatischen Blätter in der Teighülle eignen sich als Apérogebäck; sie machen sich gut zu Fleisch- oder Fischgerichten und mit Zimtzucker bestreut, kann man sie sogar zum Kaffee geniessen. In der Regel tut's Wasser als Flüssigkeit für den Teig. Doch es gibt Argumente, die für Bier sprechen: Bier und Salbei haben Aromen, die sich wunderbar ergänzen. Zudem wirkt die Kohlensäure im Gerstensaft als natürliches Treibmittel. Darum werden die bodenständigen Ausbackteige mit Bier luftig-locker und sind gut verträglich.

---

reichlich erntefrische Salbeiblätter – 1½ dl helles Bier – 1 dl Milch – 1 Eigelb – ca. 150 g Weissmehl – ½ TL Backpulver – Kräutersalz – Mehl, zum Wenden – Frittieröl

1 Bier, Milch und Eigelb verrühren, Mehl und Backpulver unterrühren, Teig mit Kräutersalz abschmecken. 30 Minuten ruhen lassen.
2 Die Salbeiblätter im Mehl wenden, durch den Teig ziehen, frittieren. Rasch servieren.

Appenzeller Bier

PRODUKTE MIT VIELEN TALENTEN

Salbei ist ein Kraut, das schon im klassischen Altertum zum Würzen von fetten Speisen eingesetzt wurde. Nicht von ungefähr: Die pelzigen Blätter enthalten ätherische Öle, die den Magen stärken und die Verdauung anregen. Viel mehr noch: Er war ein heiliges Kraut und spielte in der Pflanzenmedizin eine wichtige Rolle. Rezepte für in Schmalz oder Öl gebratene Müslichüechli findet man schon im 15. Jahrhundert in schriftlicher Form. Auch Bier wurde schon damals verwendet. Ganz so weit zurück geht die Firmengeschichte der Appenzeller Brauerei Locher nicht. Doch im Gegensatz zu vielen anderen Bierbrauereien kann sie bald das 130-Jahr-Jubiläum feiern. Noch heute sind knusprige Müslichüechli und ein kühles Appenzeller Bier ein Leckerbissen, die Champagner und Kaviar allemal vorzuziehen sind.

www.appenzellerbier.ch

Haferflockenburger mit Lauch

BOCK AUF BURGER

Hamburger ohne schlechtes Gewissen geniessen? Mit diesen Haferflockenburgern kein Problem. Burger kannten wir noch nicht, weder aus Hackfleisch noch aus Haferflocken. Aber es gab «Hacktötschli», für die das Gehackte mit reichlich eingeweichten Haferflocken und feingeschnittenem Gemüse gestreckt wurde. Diese schmecken tausendmal besser als all die genormten, fetttriefenden Hamburger. So lange es hausgemachte Fleischbällchen gab, hatten meine Kinder nie ein Bedürfnis, sich in einer Burger-Bude zu verpflegen. Das Haferflockenburger-Rezept mit Lauch kann problemlos ohne Fleisch hergestellt werden, denn Hafer, das wussten schon die Altvorderen, ist ein vorzügliches Nahrungsmittel. Die wie ein Gewürz eingesetzten Speckwürfelchen geben den Burgern aber einen zusätzlichen «Zwick».

---

100 g Quark – 1 dl Milch – 2 Eier – 60 g geriebener Sbrinz – 120 g Haferflocken – 1 mittelgrosser Lauch, in feinen Ringen – je ½ Strässchen Majoran und Thymian, fein gehackt – 2 EL Speckwürfelchen – Kräutermeersalz – Olivenöl oder Haselnussöl, zum Braten

1 Alle Zutaten mischen, 20 Minuten quellen lassen.
2 Haferflockenmasse mit einem Esslöffel portionieren, Burger im Öl backen.
VARIANTE Je nach Saison mit fein geriebenem Kürbis oder fein geriebenem Zucchino zubereiten.

Hafer

SÄTTIGENDER SPITZENREITER

Der Hafer ist ein europäisches Getreide, das bedeutend jünger als Gerste, Weizen und Reis ist. Erst die Pfahlbauer der Jungstein- und Bronzezeit haben die Pflanze aus der Familie der Gräser, das sich möglicherweise als Unkraut in Weizen- und Gerstenfelder eingeschmuggelt hatte, kultiviert. Hafer ist ziemlich robust und gedeiht auch auf mageren, ausgelaugten Böden, die er als Gründung mit Humus anreichert. Typisches Merkmal von Hafer ist der für Getreide aussergewöhnlich hohe Fettgehalt von nahezu acht Prozent (Maisflocken enthalten durchschnittlich 0,6 Prozent, Hirseflocken 3,9 Prozent). Das im Hafer enthaltene Fett ist mit einem Anteil von rund 80 Prozent ungesättigten Fettsäuren ausgesprochen wertvoll. Es beeinflusst den Cholesterinspiegel positiv und entlastet damit Herz und Kreislauf. Hafer hält mit seinem hohen Fettanteil das Gebäck feucht.

Beignets de Bénichon

ERNTEDANK FÜR DEN GAUMEN

Bénichon, das ist der Höhepunkt im Jahreskalender der französischsprechenden Freiburger. So wie die Chilbi in der Deutschschweiz einst ein Kirchweihfest war, hatte auch La Bénichon einen religiösen Hintergrund. Wenn alles unter Dach und Fach war, wurde Erntedank gefeiert. Selbst wenn Meister Schmalhans herrschte, was in früheren Zeiten gar nicht so selten war, liess man sich am Bénichon nicht lumpen. Es wurde aufgetragen, was Küche und Keller hergaben. Es wird berichtet, dass die Gelage oft mehrere Stunden gedauert hätten. Zu den Bénichon-Spezialitäten gehören die Cuchaule, ein Safranbrot, und Moutarde de Bénichon, der Chilbi-Senf. Auch die Beignets de Bénichon, diese in Schmalz oder Öl gebackenen Käsekrapfen, passen perfekt zum opulenten Charakter dieser Festmähler.

---

300 g Gruyère AOP – 1 dl Weisswein – frisch gemahlener Pfeffer – 2 EL Weissmehl – **Teig** 150 g Weissmehl – 2 dl Weisswein oder Milch – 2 Msp Salz – 1 EL Öl – 2 Eiweiss – Öl, zum Backen

1 Gruyère in 1 cm dicke und 5 cm lange Stängelchen schneiden. In eine Schüssel legen und mit dem Weisswein beträufeln. Mit Pfeffer würzen. 1 bis 2 Stunden marinieren.

2 Mehl, Weisswein und Salz zu einem glatten, dünnen Teig rühren. Zugedeckt 1 Stunde quellen lassen. Öl unterrühren. Eiweiss zu Schnee schlagen und unterziehen.

3 Käsestängelchen abtropfen lassen, im Mehl wenden.

4 Öl auf 190 °C erhitzen.

5 Käsestängelchen durch den Teig ziehen und im Öl 2 bis 3 Minuten goldgelb backen. Sofort servieren.

Gruyère AOP

EIN FEST FÜR DIE EINHEIMISCHEN PRODUKTE

Bénichon bedeutet «Weihen» oder «Segnen». Die Tradition des Kirchweihfestes geht bis ins Mittelalter zurück. Im Anschluss an die kirchliche Zeremonie gab es ein Volksfest. Diese Festivitäten zogen sich oft über mehrere Tage hin. Als es der Obrigkeit zu bunt wurde, ordnete sie 1747 an, dass Bénichon nur noch am zweiten Sonntag im September gefeiert werden darf. In den Berggebieten ist das Fest im Anschluss an die Alpabfahrt Mitte Oktober angesetzt. Heute stehen am Bénichon vor allem regionale Produkte und traditionelle Speisen im Mittelpunkt. Dazu gehört die bekannteste Freiburger Spezialität, der Gruyère AOP. Wir halten es mit der Sortenorganisation Gruyère AOP, die mit folgendem Slogan für ihr einzigartiges Produkt wirbt: «Ein leckeres Stück von Glück!»
www.gruyere.com

Rindscarpaccio mit schwarzer Trüffel

WAS DEN VENEZIERN SCHMECKT, PASST AUCH DEN EIDGENOSSEN

Dieses sommerliche Gericht stammt aus Italien. Genauer gesagt, aus Venedig. Heute wird der Klassiker aus rohem Fleisch mit einer feinen Sauce oder ganz einfach mit etwas Olivenöl und Zitrone oder Balsamico serviert. Weil die Zutaten aus der Schweiz stammen, haben wir den südlichen Gaumenkitzel ohne langes Federlesen eingebürgert. Carpaccio wird in vielen Variationen serviert. Weil das Fleisch roh verarbeitet und genossen wird, ist, mehr noch als bei anderen Zubereitungsarten, darauf zu achten, dass frische, hochwertige Zutaten verwendet werden. Damit man das magere Fleisch besser in dünne Scheiben schneiden kann, wird das Filet kurz schockgefrostet. Ganz edel kommt er mit hauchdünn geschnittener Trüffel daher: Ein schlaraffenlandmässiger Genuss.

---

240 g Rindsfilet – ½ Zitrone, Saft – 1 dl bestes Olivenöl – Meersalz – frisch gemahlener Pfeffer – eingelegte Sommertrüffel oder frische schwarze Trüffel

1 Rindsfilet in möglichst feine Scheiben schneiden, zwischen Klarsichtfolien dünn klopfen.
2 Fleischscheiben auf Teller verteilen, mit Zitronensaft und Olivenöl beträufeln. Würzen. Mit der Sommertrüffel oder frischer, fein gehobelter Trüffel bestreuen.
TIPP Mit ofenfrischem Brot servieren.

Trüffel

«SCHLARAFFENLAND» IST PROGRAMM

Trüffel gehören zu den teuersten Lebensmitteln. Die wertvollste, die weisse Alba-Trüffel, findet man bei uns nur ausnahmsweise. Aber die Burgunder-Trüffel, eine warzig-schwarze Knolle, gedeiht in weiten Teilen der Schweiz. Aus selbstgesuchten oder sorgfältig ausgewählten Edelpilzen aus Italien stellt die Emmentalerin Esther Bieri Zulauf wohlschmeckende Trüffeldelikatessen wie Butter, Öl, Senf, Salz und sogar Schokolade und Carameltäfeli her. «Schlaraffenland», der Name ihres kleinen, aber feinen KMU-Betriebs (inklusive B & B im «Schlaraffenland») ist also Programm. Im Laden in Rüderswil und im online-Versand sind weitere kulinarische Exklusivitäten wie geröstete Pasta, weisser Tessiner Reis, Goldsalz, Kräuter- und Früchtetees und viele andere ausgewählte Spezialitäten erhältlich.

www.schlaraffenland.ch

Champignons-Schnitten

EIN KULINARISCHER SUPERHELD

Meistens trägt er einen Hut. Dieser kann weiss, beige oder braun sein – und man kann ihn essen. Erraten: Der Champignon gehört mit Abstand zu den bekanntesten Speisepilzen. Allerdings kennen ihn viele nur als Beilage auf der Pizza oder in der Sauce. Dabei ist der Champignon mehr als nur eine günstige Alternative zum Fleisch: Vielseitig einsetzbar in der schnellen, kreativen Küche, reich an wertvollen Mineralien und Vitaminen, ballaststoffreich und kalorienarm liefert er einen wertvollen Beitrag zur gesunden, ausgewogenen Ernährung. Ausserdem gehören Champignons zu den wenigen Pilzarten, die auch roh genossen werden können. Dass ihm auch eine blutdrucksenkende Wirkung und andere Heilkräfte zugeschrieben werden, macht ihn zum kulinarischen Superhelden.

FÜR 2 PERSONEN 6 Toastbrotscheiben – 2 EL Olivenöl – 1 kleine Zwiebel, klein gewürfelt – 200–300 g Champignons, in Scheiben – 1–2 EL Mehl – 3–4 EL Weisswein – 1 dl Gemüsebouillon – 1 dl Rahm – Meersalz – frisch gemahlener Pfeffer – 1 Bund Schnittlauch, fein geschnitten

1 Zwiebeln und Pilze in einer Bratpfanne im Öl andünsten, mit Mehl bestäuben, mit Weisswein ablöschen, Gemüsebouillon und Rahm zugeben, kurz köcheln lassen, würzen, Schnittlauch unterrühren.
2 Toastbrot im Backofen auf Grillstufe oder im Toaster bräunen.
3 Pilz-Ragout auf den Toastscheiben anrichten. Sofort servieren.
TIPP Mit einem bunten Salat servieren. Das Pilz-Ragout passt auch zu Reis und Nudeln.

Champignons

PILZKÖPFE HABEN IMMER SAISON

Allein in Europa gedeihen etwa sechzig Champignonarten; einige davon sind giftig. Wer auf Nummer sicher gehen will, hält sich an Zuchtpilze, die täglich frisch, getrocknet, in Dosen und in Gläsern eingemacht oder tiefgefroren in den Verkauf gelangen. Der Champignon ist der weltweit am häufigsten angebaute Speisepilz und eine Zuchtform des wild wachsenden zweisporigen Egerlings. Kultiviert wird er in abgedunkelten, klimatisierten Hallen auf einem organischen Substrat, das mit dem Pilzmycel geimpft wird. Nach etwa drei Wochen können die Pilzköpfe mit dem milden, nussartigen Geschmack geerntet werden. Die Mitglieder des Verbands der Schweizer Pilzproduzenten kultivieren insgesamt sechs verschiedene Edelpilze. Diese einst Göttern, Pharaonen und Kaisern vorbehaltene Delikatesse kann sich heute jeder leisten.
www.champignons-suisses.ch / www.pilzrezepte.ch

Honigkartoffeln mit Kräutern

HOCH-SOMMER

Zur überbordenden Blütenpracht gesellen sich frische Gemüse, Kräuter und die ersten Kartoffeln. Fleissig am Werk sind auch die Nektar- und Pollensammlerinnen. Mit ihrem Summen in Blumenwiesen und Wäldern bilden sie die dezente Background-Musik für alles, was da kreucht und fleucht. Auf diese Zeit freuen sich alle Profis und Hobbyköchinnen, die «mit der Jahreszeit» kochen. Nun können sie wieder aus dem Vollen schöpfen und ihrer Kreativität freien Lauf lassen. Die Kombination von Kartoffeln und Honig mag im ersten Moment vielleicht etwas speziell anmuten. Probieren Sie es trotzdem: Das Gericht regt die Sinne an, denn es speichert die Wärme und alle Aromen des Sommers. Vielleicht dient es sogar als Inspiration für weitere nicht alltägliche Experimente.

---

600 g kleine Frühkartoffeln – 3 EL Olivenöl – frischer Thymian, Blättchen abgezupft, oder frischer Rosmarin, Nadeln abgestreift und gehackt – ca. 3 EL Waldhonig – Salz – Mandarinen- oder Orangen-Olivenöl – frischer Majoran, für die Garnitur

Kartoffeln waschen, mit Schale halbieren oder vierteln, in einer Bratpfanne im Öl bei nicht zu starker Hitze etwa 20 Minuten braten, mit Salz würzen. Nach rund 10 Minuten Kräuter hinzufügen, mit Honig karamellisieren. Mit Mandarinenöl parfümieren. Mit Majoran garnieren.

SERVIERVORSCHLAG Einige gehackte Baumnüsse am Schluss 5 Minuten mitbraten.

Honig

VON DER WABE INS GLAS

Für die globale Nahrungsmittelproduktion sind Bienen und andere Insekten unentbehrlich. Rund ein Drittel aller Nahrungspflanzen wird auf diesem Weg bestäubt. Wer den Film «More than honey» gesehen hat, ist entsetzt über die Honig-Industrie in gewissen Ländern und den achtlosen Umgang mit den Bienen. Ganz anders der alte Imker aus dem Oberland, der mit seinen Bienen spricht. Höchstens drei bis fünf Prozent der Bienenhalter in der Schweiz üben die Imkerei berufsmässig aus. Marco Paroni ist einer von ihnen. Er hat sich seit mehr als vierzig Jahren der Imkerei verschrieben. Als Königinnenzüchter und Bieneninspektor betreibt er sein Metier mit Herzblut, grossem Fachwissen und Verantwortung. Sein aroma- und vitalstoffreicher Blüten-, Wald- und Bergblütenhonig in Bio-Qualität ist in «Paronis Imkerhofladen» in Heimenhausen, im Onlineshop und in ausgewählten Verkaufsstellen erhältlich.
www.paronihonig.ch

Tessiner Risotto

SÄMIG-CREMIG UND MIT ETWAS BISS

Risotto-Rezepte gibt es ohne Zahl. Über die Zubereitung streiten sich die Experten. «Möglichst viel rühren», empfehlen die einen. «Den Reis während des Kochprozesses ruhen lassen», sagen die anderen. Einig sind sie sich darin, dass der Reis vor der Flüssigkeitszugabe in etwas Öl angeröstet werden soll, bis es knistert. Dadurch öffnet sich der Reis, saugt das Öl auf und verklebt nicht. Risotto, eines der Nationalgerichte in Norditalien, wurde erst in der zweiten Hälfte des 19. Jahrhunderts im Tessin eingebürgert und kam vor allem in «besseren» Häusern oder bei festlichen Anlässen auf den Tisch. Ab den 1860er-Jahren wurde in Bellinzona am Aschermittwoch Risotto an die armen Leute verteilt. Dieser Karnevalsbrauch gehört heute zum Kulturgut der Tessiner Kantonshauptstadt.

2 EL Olivenöl – 1 Schalotte, klein gewürfelt – 300 g Mittelkornreis, z. B. Riso Nostrano Ticinese – 1 dl Weisswein – ca. 8 dl Gemüsebouillon – 40 g Butter – 50 g geriebener Sbrinz – Salz – frisch gemahlener Pfeffer – glattblättrige Petersilie, für die Garnitur – 50 g geriebener Sbrinz

Schalotten im Olivenöl andünsten, Reis mitdünsten, bis er glasig ist. Weisswein zugeben, einkochen lassen, Gemüsebouillon nach und nach zugeben, so dass der Reis immer knapp mit Flüssigkeit bedeckt ist, unter häufigem Rühren bei schwacher Hitze al dente kochen, etwa 20 Minuten. Butterstückchen und Sbrinz unterrühren, mit Salz und Pfeffer abschmecken. Mit Petersilie garnieren. Restlichen Sbrinz separat servieren.

Reis aus der Schweiz

Das wohl bedeutendste Reisanbaugebiet in Europa befindet sich in der Poebene. Seit 1997 gibt es auch in der Magadinoebene zwischen Locarno und Ascona Reisfelder. Diese gehören zu einem der nördlichsten Reisanbaugebiete der Welt. Der Schweizer Reis ist unter dem Namen «Riso Nostrano Ticinese» erhältlich und eignet sich ausgezeichnet für Risotto. Auf dem 150 ha grossen Hof der Terreni alla Maggia wird seit 1997 eine für die Trockenkultur geeignete Reissorte angebaut. Auf dem IP-Gut werden auch Reben und andere Lebensmittel kultiviert. Diese werden ab Hof vermarktet oder per Post an die Stammkundschaft in der ganzen Schweiz geliefert. In Ascona haben die Produzenten einen eigenen Laden.
www.terreniallamaggia.ch

Rösti

SCHNELL GESCHÄLT UND LANG GEBRATEN

In den Geschichten von Jeremias Gotthelf liest man, dass «Röschti» zum Frühstück gang und gäb war, weil sie Kraft für den ganzen Tag gab. Zubereitet ist eine Rösti schnell: Gschwellti schälen und raffeln. Hier ein paar Tricks für die absolut perfekte Rösti: Festkochende Kartoffeln am Vortag garen. Noch besser funktioniert es, wenn sie nicht ganz durchgekocht sind. Zum Braten wird heute oft Raps- oder Olivenöl verwendet. Andere schwören auf die historische Variante mit Schmalz und Butter. Wobei anzumerken ist, dass zu Gotthelfs Zeiten meistens an beidem recht gespart wurde. Gebraten wird die Rösti mindestens eine Viertelstunde. Wichtig ist, dass die Hitze zum Braten nicht zu hoch ist. Wer das einfache Kartoffelgericht richtig knusprig mag, kann am Schluss die Temperatur kurz erhöhen.

3 EL Bratbutter – 1,4 kg Gschwellti – Salz – 2 EL klein gewürfelte Zwiebeln

1. Kartoffeln schälen und auf der Röstiraffel reiben.
2. Butter erhitzen, Kartoffeln zugeben, salzen. Kartoffeln knusprig braten, drei- bis viermal rühren. Vor dem letzten Rühren die Zwiebeln zugeben, zu einem Kuchen zusammenstossen, goldgelb braten, auf eine Platte stürzen.

Kartoffel

EINE ANDEN-KÖNIGIN EROBERT DIE GANZE WELT

Im 16. Jahrhundert brachten spanische Eroberer die Wunderknolle von Südamerika nach Europa. Hier glaubte man lange, dass die ursprünglich aus dem Andenhochland stammende Pflanze ein Ziergewächs sei oder man ass die giftigen Früchte. Es bedurfte der List des Preussenkönigs und einiger Hungersnöte, bis sich die Menschen in der «Alten Welt» endgültig vom Wert der Kartoffel als Nahrungsmittel überzeugen liessen. Drei bis vier Monate geht es, bis man von einer einzigen Kartoffel den zehn- bis zwanzigfachen Ertrag erhält. Angepasste Züchtungen finden sich in heissen Halbwüsten ebenso zurecht wie in frostigen Bergregionen. Heute zählt die Kartoffel weltweit zu den vier wichtigsten Agrarprodukten. Als lange haltbares, jederzeit verfügbares Lebensmittel spielt sie in der Spitzengastronomie eine genauso wichtige Rolle wie in der Alltagsküche.
www.kartoffel.ch

Maluns

«DICKE KRÜMEL» FÜR DEN GROSSEN HUNGER

Wenn von Bündner Spezialitäten die Rede ist, werden Maluns und Capuns in einem Atemzug genannt. Dabei sind es sehr ungleiche Geschwister. Maluns war eine Arme-Leute-Speise aus Kartoffeln und Mehl. Sie stammt aus der Zeit, in der es eine Kunst war, aus den spärlichen Vorräten ein nahrhaftes und wohlschmeckendes Gericht zu kreieren. Maluns hat grosse Ähnlichkeit mit dem Rheintaler Maisribel. Doch statt Mais werden für dieses Bündner Bauerngericht am Vortag geschwellte Kartoffeln verwendet. Die Kunst besteht darin, die Kartoffelkrümel langsam zu rösten, bis sie goldbraun sind. Für die Capuns wird ein Mehlteig hergestellt. Doch im Gegensatz zu den Maluns ist die in Mangoldblätter eingewickelte Spezialität, zu der Speck, Rahm und Korinthen gehören, ein fürstliches Essen, das es wohl nur an Festtagen gab.

---

800 g Kartoffeln – 1 Ei – 300 g Weissmehl – 1 Prise Salz – 1 Msp frisch geriebene Muskatnuss – 250 g Butter

1 Kartoffeln am Vortag in der Schale (Gschwellti) kochen.
2 Kartoffeln schälen und auf der Röstiraffel reiben. Ei, Mehl, Salz und Muskatnuss mit den Kartoffeln vermengen.
3 Kartoffeln in zwei Portionen teilen und in einer Bratpfanne bei mittlerer Hitze braten, kräftig rühren, immer wieder ein wenig Butter zugeben. Bratzeit: 30 bis 40 Minuten.

Bündner Spezialitäten

WIE HAUSGEMACHT

Manchmal ist die Zeit zu knapp zum Kochen oder es gibt unverhofft Besuch. Dann ist es gut, ein paar Sachen im Vorrat zu haben, die kurz aufgewärmt, aufgebacken oder gebraten werden können. Auf solche Produkte hat sich die seit 2002 zur Frostag Food-Centrum AG gehörende La Pasteria Fattoria spezialisiert. Der Firmeninhaber ist Spross des ehemaligen Familienunternehmens Caprez (CADA), das 1901 eine der ältesten Teigwarenfabriken der Schweiz übernahm. La Pasteria verbindet Tradition mit Innovation. Neben italienischer Pasta werden Teigwaren mit hochwertigen Füllungen, Bio-Knospe-Pasta und Bündner Spezialitäten nach traditioneller Art und mit besten regionalen Zutaten hergestellt. Kein Wunder schmecken La Pasteria-Produkte wie hausgemacht.

www.la-pasteria.com

Quarkknöpfli

SO EIN KÄSE – FRISCHER GEHT'S NICHT MEHR

Quark ist nichts anderes als Frischkäse. Allerdings wird die Gerinnung durch Milchsäurebakterien und nicht durch Lab erreicht wie beim Süssmilchkäse. Bei diesem auch «Weisskäse» oder «Topfen» genannten Produkt aus geronnener Milch dürfte es sich um eine der ältesten Formen von Käse handeln. Da der Quark in der Regel nicht gepresst wird, hat er eine streichfähige Konsistenz. Je mehr Rahm er enthält, desto cremiger ist er. Quark ist ein günstiges und vielseitiges Produkt mit hohem Eiweissgehalt. Sein geringer Energie- und Fettgehalt macht ihn zum perfekten Rahmersatz. Frischer Quark gehört zu den beliebten Zutaten in Birchermüesli, Salatsaucen oder Kaltschalen mit Früchten. Er kann auch für rezente und süsse Backwaren und für Teige verwendet werden.

Teig 240 g Magerquark – 4 Eier – 2 Eigelbe – 1 TL Salz – wenig Muskatnuss – 250 g Weissmehl – 50 g geriebener Sbrinz oder Gruyère – 2 Schalotten, in Streifen – 4 Scheiben Bratspeck, in Streifen – **Apfelkompott** 4 festkochende Äpfel – ½ TL Zimtpulver – 1–2 EL Zucker, je nach Süsse der Äpfel – ein wenig Zitronensaft, nach Belieben

1 Quark, Eier, Eigelbe, Salz und Muskatnuss in einer Teigschüssel verrühren, das Mehl mit dem Teigspachtel untermischen. 30 Minuten ruhen lassen.

2 Für das Kompott Äpfel schälen, vierteln und entkernen, Viertel in Schnitze schneiden. Apfelschnitze mit ein wenig Wasser in eine Pfanne geben, mit Zimt und Zucker bestreuen, bei schwacher Hitze weich kochen. Nach Belieben mit Zitronensaft abschmecken.

3 Backofen auf 100 °C vorheizen.

4 In einer Bratpfanne Schalotten und Bratspeck goldgelb braten.

5 In einem Kochtopf reichlich Salzwasser erhitzen, Teig portionsweise in das Knöpflisieb füllen und mit dem Teigschaber in das kochende Wasser streichen. Knöpfli an die Oberfläche steigen lassen, mit einem Schaumlöffel herausnehmen. Knöpfli und Käse lagenweise in eine Schüssel füllen. Im Ofen zugedeckt (so können die Knöpfli nicht antrocknen) warm stellen. Speck-Schalotten-Gemisch am Schluss darüber verteilen.

Frischkäse

UMWELTFREUNDLICHER MILCHVERARBEITUNGSBETRIEB DER SCHWEIZ

Rund 600 gewerbliche Milchverarbeitungsbetriebe gibt es in der Schweiz. Während die wenigen «Riesen» mit aufwändiger Werbung auf ihre Produkte aufmerksam machen, übersieht man die Kleinen oft. Dabei sind sie meistens mindestens so innovativ und umweltbewusst. Der beste Beweis ist das Ostschweizer Familienunternehmen Züger Frischkäse AG, das heute in 2. Generation von den Brüdern Christof und Markus Züger geleitet wird und zu den wichtigsten Arbeitgebern im St. Gallischen Fürstenland zählt. Der Betrieb verarbeitet jährlich 100 Millionen Liter regionale, frische Qualitätsmilch zu feinen Frischkäseprodukten wie (Pizza-) Mozzarella, Mascarpone, Ricotta, Quark, Frischkäse, Feta, Grillkäse sowie Butter, darunter lactosefreie und Bio-Produkte. Diese können auch im Chäsi Shop-Fabrikladen bezogen werden.
www.frischkäse.ch

Rotkrautsalat mit Pilzen und Speck

DAS HERBSTGEMÜSE SCHMECKT DAS GANZE JAHR

Rotkraut verbindet man mit herbstlichen Genüssen. Was wäre die Wildplatte ohne Rotkraut und Kastanien? Das Rotkraut, das in der Schweiz auch Blaukabis genannt wird und dessen Farbe meistens weder rot noch blau, sondern violett ist, gehört zusammen mit seinem grossen Bruder, dem Weisskabis, zu den wertvollsten Lagergemüsen. Da es frühe, mittelfrühe und späte Sorten gibt, ist er fast das ganze Jahr frisch erhältlich. Wenn es pressiert, greift man zum raffiniert gewürzten Schöni-Rotkraut. Man kann es direkt aus der Packung für den herbstlichen Salat mit Pilzen und Speck verwenden oder nach eigenem Gusto verfeinern. So bleiben alle wertvollen Inhaltsstoffe erhalten. Wird das fertige Produkt in der warmen Küche eingesetzt, muss es bloss noch kurz erhitzt werden.

---

50 g Chinakohl, in feinen Streifen – 300 g gekochtes Rotkraut (Schöni) – 100 g Speckwürfelchen – 100 g Pilze, z. B. Champignons, Austernpilze, Eierschwämmchen oder frische Morcheln – 1 Bund Rucola – **Sauce** 1 EL Balsamico – 1 EL Apfelessig – Salz – frisch gemahlener Pfeffer – 4 EL Öl

1 Chinakohl und Rotkraut mit der Sauce mischen.
2 Pilze putzen, je nach Grösse und Pilzart ganz lassen, in Scheiben oder Streifen schneiden.
3 Speckwürfelchen in der heissen Bratpfanne zerlassen, Pilze beigeben und kräftig anbraten.
4 Rucola fein schneiden und mit Speck-Pilz-Mischung zum Salat geben, gut vermengen.

Rotkraut

WARUM DER BLAUKABIS ROT WIRD

Auf alkalischem Boden haben die äusseren Blätter des Blaukabis meist eine bläulichgrüne Färbung mit weissem Reif, auf saurem Boden sehen sie eher lila aus. Schneidet man die festen Köpfe entzwei, ist das Innere kräftig rotviolett. Beim Kochen wird das Kraut blau. Gibt man Essig dazu, wechselt die Farbe in ein appetitliches Magentarot. Diese Farbänderung ist auf die Anthocyane zurückzuführen, die als Säure-Basen-Indikator wirken. Das Rotkraut, das in der Sauerkrautfabrik Schöni hergestellt wird, stammt aus den Schweizerischen «Gemüsekammern» und wird nach den strengen Richtlinien von Suisse Garantie oder Bio Suisse angebaut. Die von Hand geernteten «Blauschöpfe» werden in der grössten Sauerkrautfabrik der Schweiz sorgfältig zu feinstem Schöni-Rotkraut verarbeitet.
www.schoeni-swissfresh.ch

Rohschinken mit Gemüsestäbchen und Mayonnaise-Dipp

GRÜSSE AUS DER SOMMERKÜCHE

Macht es Ihnen auch so viel Spass, über die sommerlichen Wochenmärkte zu flanieren? Die Düfte von Erdbeeren, Zucchetti, Fenchel, Sellerie, Peperoni einzuatmen und die Augen an der Farbenpracht zu laben? Kommen Sie auch mit vollgepackten Einkaufstaschen nach Hause – haben viel mehr eingekauft, als Sie eigentlich brauchen? Macht nichts, nun ist die richtige Zeit, Vitamine, Mineralstoffe und Antioxidantien zu tanken – frischer kann man die Genüsse aus dem heimischen Paradiesgarten nie haben, und die Bikini-Figur wird's bestimmt auch freuen. Selbst «Fleischtiger» werden kaum motzen, wenn das Gemüse schön eingewickelt in Bündner Rohschinken oder Bündnerfleisch und in Begeitung einer Mayonnaise aus kalt gepresstem Bio-Sonnenblumenöl serviert wird.

PRO PERSON 200 g rohes Gemüse: Zucchino, Fenchel, Karotte, Stangensellerie, fruchtiger Kürbis, Kohlrabi, Radieschen, Rettich – 50–100 g Bündnerfleisch oder Bündner Rohschinken – **Mayonnaise** 4 Eigelbe – 2 TL Kräutersalz – ½ TL frisch gemahlener weisser Pfeffer – 1 Prise Cayennepfeffer – 1 EL Senf – ½ dl weisser Balsamico – ½ l kalt gepresstes Bio-Sonnenblumenöl – wenig Zitronensaft

1 Für die Mayonnaise Eigelbe, Kräutersalz, Pfeffer, Senf und Balsamico in eine Rührschüssel geben und gut verrühren. Sonnenblumenöl im Faden unter die Eigelbe schlagen. Mayonnaise mit Zitronensaft abschmecken, eventuell mit etwas Wasser verdünnen.
2 Gemüse putzen/schälen und in Stäbchen schneiden, in Bündnerfleisch oder Bündner Rohschinken einwickeln. Anrichten. Mit Mayonnaise servieren.

Trockenfleisch / Pflanzenöl

«KRAFTSTOFF» FÜR DEN KÖRPER

Protein und kaltgepresstes Pflanzenöl sind biologisch hochwertige Nährstoffe für den Aufbau und den Erhalt der Zellen. Mageres Fleisch enthält Eiweiss sowie Spurenelemente und Vitamine der B-Gruppe in gut verfügbarer Form. Mit ausgewogener Mischkost kombiniert, verbessert es die Aufnahme von Stoffen aus pflanzlicher Kost. Qualität ist beim Trockenfleisch für die Traditionsfirma Brügger aus Parpan oberstes Gebot.
Die Vitamine A, D und E können vom Körper nur mit Hilfe von Fett verwertet werden. Wer Genuss mit gesunder Ernährung kombiniert, wählt kaltgepresste Pflanzenöle. Zu den Schweizer Pionieren gehört die Biofarm mit wertvollen Top-Produkten wie Baumnuss-, Kürbis-, Lein-, Oliven-, Raps- und Sonnenblumenöl aus Bio-Produktion. Das Angebot ist im Fachhandel und online erhältlich.
www.biofarm.ch / www.bruegger-parpan.ch

Linsen mit Gemüse

BRAUN, GRÜN, ROT, GELB UND SCHWARZ

Früher galten Linsen als Arme-Leute-Essen: Sie waren nahrhaft, lange haltbar und günstig. Als Kind habe sie sich geschämt, weil es jede Woche mindestens einmal Linsen zum Mittagessen gegeben habe, erzählte eine Frau, deren Eltern in den Sechzigerjahren von Napoli in die Schweiz gekommen waren. Damals wusste sie noch nicht, dass Linsen sehr gesund sind. Heute stehen diese Hülsenfrüchte auch bei ihr hoch im Ansehen. Vor allem bei fleischarmer, vegetarischer oder veganer Kost sind sie fast unverzichtbar. Zudem zeichnen sie sich durch einen hohen Anteil an Ballaststoffen aus. Sogar Gourmet-Köche haben die Linsen entdeckt, denn sie sind nicht nur in der boomenden indischen Küche äusserst beliebt, sondern auch sonst vielseitig einsetzbar. Selbst farblich geben sie einiges her – von gelb über rot, grün und braun bis schwarz.

50g durchwachsene Speckwürfelchen – 1 grosse Zwiebel, klein gewürfelt – 300g gemischtes Gemüse: Karotte, Lauch, Knollensellerie – 150g braune Linsen – ½l schwache Gemüsebouillon – 2 Gewürznelken – 1 Lorbeerblatt – Salz – frisch gemahlener Pfeffer – 3–4 EL Balsamico

1 Karotte und Sellerie schälen und in Würfelchen schneiden. Grobfasrige Teile beim Lauch entfernen, Stange längs halbieren und quer in Streifchen schneiden.
2 Speckwürfelchen bei mittlerer Hitze auslassen, Zwiebeln und Gemüse zugeben und andünsten, Linsen, Gemüsebouillon, Nelken und Lorbeer zufügen, köcheln lassen, bis die Linsen weich sind. Gewürznelken und Lorbeerblatt entfernen. Abschmecken mit Salz, Pfeffer und Balsamico.

Linsen

DIE GUTEN INS TÖPFCHEN...

Linsen spielen in vielen Sagen, Märchen und Mythen eine wichtige Rolle. In den biblischen Geschichten verkauft Esau die Rechte, die ihm als Erstgeborenem zustehen, gegen ein Linsengericht an seinen Bruder Jakob. Im Märchen der Brüder Grimm bittet Aschenputtel die Tauben, ihr beim Linsen-Sortieren zu helfen: «Die guten ins Töpfchen, die schlechten ins Kröpfchen.» In der heutigen Qualität müssen die meisten Linsen nicht mehr eingeweicht werden. Zudem beträgt die Kochzeit je nach Sorte lediglich 10 bis 30 Minuten – ideal für die schnelle Küche. Besonders exklusiv sind die schwarzen Beluga-Linsen, die tatsächlich wie Kaviar aussehen. Kräuter und Gewürze geben den eher faden Linsen nicht nur ein feines Aroma, sondern unterstützen auch die Verdauung.
www.biofarm.ch

Bündnerfleischröllchen mit Joghurtfrischkäsefüllung

DICKE MILCH MACHT MUNTER

Das Wort Joghurt stammt aus der türkischen Sprache und bedeutet so viel wie «gegorene Milch». Für meine Grossmutter war es «Dickmilch», wenn die in weite Becken gegossene Kuhmilch an heissen Sommertagen gewollt oder ungewollt sauer wurde. Wir liebten es, den Löffel in die weisse Masse zu stossen und zu beobachten, wie der Spalt sofort vom gelblichen Milchserum gefüllt wurde. Mit frisch gepflückten Beeren wurde aus dem Naturjoghurt ein herrliches Beerenmüesli. Manchmal gab sie die Dickmilch in ein Sieb, um Ziger, eine Art Frischkäse, herzustellen. Diesen genossen wir mit gehackten Wildkräutern und Salz. In der Fasnachtszeit halfen wir ihr, aus Ziger und durch den Fleischwolf gedrehten Dörrbirnen die Füllung für ihre berühmten Zigerkrapfen herzustellen.

Joghurtfrischkäse 500 g Naturjoghurt − 1 TL feines Meersalz − **Bündnerfleischröllchen** 100 g fein geschnittenes Bündnerfleisch − 100 g Joghurtfrischkäse − 2 EL gemahlene Hasel- oder Baumnüsse − 1 Bund Schnittlauch, fein geschnitten − 2 EL Olivenöl oder Nussöl − 1 unbehandelte Zitrone, wenig abgeriebene Schale − Kräutersalz − frisch gemahlener Pfeffer

1 Für den Frischkäse ein Sieb (Salat- oder Spitzsieb) mit einem Baumwoll-/Gazetuch auslegen und auf eine Schüssel stellen. Joghurt mit dem Salz verrühren und in das Baumwolltuch füllen, über Nacht abtropfen lassen.

2 Für die Füllung Joghurtfrischkäse, Nüsse, Schnittlauch, Öl und Zitronenschale glatt rühren, mit Kräutersalz und Pfeffer abschmecken.

3 Aus der Joghurtfrischkäsemasse Würstchen formen und diese in das Bündnerfleisch einwickeln. Kühl stellen. Nach Belieben in mundgerechte Stücke schneiden.

Joghurt

REGIONAL – OPTIMAL

Es hat lange gedauert, bis sich die Schwyzer Bauern an «ihren» Werner Stauffacher erinnerten und sich den Preis für die wertvolle Milch nicht mehr «von fremden Vögten» diktieren liessen. Die Milchmanufaktur Einsiedeln AG wurde im Frühling 2012 gegründet. Ein Jahr später begann man im Sihl-Hochtal mit der Produktion von Einsiedler Bergmilchjoghurt und Bergmozzarella. Im Winter 2014 sollen die ersten Rohmilchkäse-Kreationen auf den Markt gelangen. Mit dem Bezug des neuen Produktionsgebäudes im Frühling 2015 wird die Palette von hochwertigen Erzeugnissen dieser kleinen, aber feinen Produktelinie aus Einsiedler Bergmilch erweitert – an Ideen fehlt es nicht. Damit kann die Wertschöpfung in der Region behalten werden und sichert den Bauern ein angemessenes Einkommen.
www.milchmanufaktur.ch

Appenzeller Schnitte

JEDEM KÄSEFAN SEINE EIGENE SCHNITTE

Käseschnitten – ein Thema in Hunderten von Variationen. Es gibt sie nach Appenzeller Art – mit Appenzeller® Käse selbstverständlich. Im Wallis heissen sie «Croûtes au fromage», die je nach Talschaft zusätzlich mit Schinken, Spiegelei oder anderen deftigen Zutaten belegt werden. Bei der Käseschnitte nach Käserart greift man zur fertigen Fonduemischung. Wenn's pressiert, kann man auch Scheibenkäse verwenden. Die Schnitten werden in der Bratpfanne oder im Backofen gebacken beziehungsweise gegrillt. Die Original-Käseschnitten aus dem Armee-Kochbuch werden frittiert – eine nahrhafte Angelegenheit, die oft mit Magenbrennen endet. Und doch, wenn man in gemütlichen Bergrestaurants oder SAC-Hütten einkehrt, kann man dem Klassiker aus Brot, Käse, Eiern und Wein nur schwer widerstehen.

---

4 dicke Scheiben Ruchbrot – 2 EL Öl – 2 EL Senf – 4 Scheiben Appenzeller® Käse, je 80 g – 4 gekochte Birnenhälften – 4 Speckscheiben, je 30 g

1 Backofen auf 250 °C vorheizen.
2 Öl und Senf glatt rühren, Brotscheiben damit bestreichen. Appenzeller® Käse und Birnenhälfte daraufgelegen, Speck darüberlegen.
3 Appenzeller Schnitten bei 250 °C backen, bis der Käse geschmolzen und der Speck knusprig ist.

Appenzeller® Käse

NUR ZWEI PERSONEN KENNEN DAS KRÄUTERSULZ-REZEPT

Käse wird im Appenzellerland seit über 700 Jahren hergestellt. Die Labkäserei, auf deren Herstellungstechnik der Appenzeller® Käse beruht, setzte sich Mitte des 16. Jahrhunderts durch. Doch Produktion und Qualitätsnormen wurden erst im Verlauf des 20. Jahrhunderts vereinheitlicht und verbessert. 1942 wurde die Sortenorganisation für den Appenzeller® Käse gegründet. Wenige Jahre später folgte eine Marktordnung für den voll- bis viertelfetten Käse aus dem Produktionsgebiet zwischen Säntis und Bodensee. Schon früh bekannt war auch eine Gewürz-/Kräuterbeize, die jeder Käser selbst herstellte. Auf eine einheitliche Rezeptur konnte man sich Anfang der 1960er-Jahre einigen. Heute gehört der Rohmilchkäse dank der geheimnisvollen Kräutersulz zu den bekanntesten Milchprodukten der Schweiz.
www.appenzeller.ch

Capuns

EINE BAUERNSPEISE EROBERT DIE FEINEN RESTAURANTS

Früher bestand die Kost der einfachen Leute vor allem aus Mehl, Kartoffeln und Schmalz. Daraus wurden deftige Gerichte hergestellt, die Saft und Kraft gaben, die harte Arbeit zu bewältigen. Käse und Fleisch dagegen wurden wohl nur an Feiertagen aufgetischt. Auch mit Wurst und Speck wurde sparsam umgegangen. Unterdessen hat die feine Lebensart Einzug gehalten. Doch trotz Haute Cuisine und exotischen Zutaten sind diese alten Gerichte beliebter denn je. Bündner Speisen wie Capuns, Maluns, Pizokel und Pizzoccheri werden in den besten Restaurants serviert. Und die Bündner kennen so viele Capuns-Rezepte, wie es Schwiegermütter gibt. Die einen mischen klein gewürfelten Speck in den Spätzliteig, die anderen Bündnerfleisch oder Salzis. Was auch immer, Capuns machen satt und schmecken herrlich.

---

40 Schnittmangoldblätter – 300 g Weissmehl – 4 Eier – 1 dl Milch – 1 TL Salz – 40 g Butter – 1 mittelgrosse Zwiebel, klein gewürfelt – 50 g Speckwürfelchen – 100 g Toast- oder Weissbrotwürfelchen – 4 EL gehackte Kräuter – 50 g Korinthen – Küchengarn – 2 dl Rahm – 100 g Frühstücksspeck, in Streifchen – 2 Bund Schnittlauch, in Röllchen

1. Mangoldblätter in reichlich kochendem Wasser blanchieren, maximal 1 Minute. Abgiessen und mit kaltem Wasser abschrecken. Auf Geschirrtücher legen.
2. Mehl, Eier, Milch und Salz kräftig rühren, bis der Teig Blasen wirft. 30 Minuten quellen lassen.
3. Zwiebeln, Speck und Brot in der Butter andünsten, mit Kräutern und Korinthen unter den Teig rühren.
4. Auf jedes Mangoldblatt 1 EL Füllung geben. Schmalseiten darüberlegen, von der andern Seite einrollen, mit Küchenfaden binden.
5. In zwei grossen Kochtöpfen Salzwasser aufkochen. Capuns zugeben und bei schwacher Hitze 20 Minuten garziehen lassen. Mit dem Schaumlöffel herausnehmen und in zwei eingefettete Gratinformen legen. Mit Speck und Schnittlauch bestreuen, mit Rahm beträufeln.
6. Capuns bei 220 °C 10 Minuten überbacken.

Bündner Spezialitäten

WO CONVENIENCE ZUM FESTESSEN WIRD

Wenn man Capuns selbst zubereitet, steht man mindestens einen halben Tag in der Küche. Eine wunderbare Beschäftigung an einem verregneten Wochenende und ein teamförderndes Unternehmen für die ganze Familie. Doch zum Glück gibt es eine Convenience-Variante dieser in Mangoldblätter eingewickelten Mehlspeise. Wer beim Wocheneinkauf oder im Reformladen ab und zu nach Frischpasta und Pastasaucen greift, kommt an «La Pasteria» kaum vorbei. Beste Zutaten und eine sorgfältige Zubereitung machen die Spezialitäten des Frischteigwaren-Herstellers La Pasteria Fattoria zur ersten Wahl, die auch aus ökologischer Sicht hundertprozentig vertretbar ist. Die Capuns sind handgemacht und frisch. Dass sie aus der La-Pasteria-Tüte kommen, muss man dem begeisterten Besuch ja nicht verraten.
www.la-pasteria.com

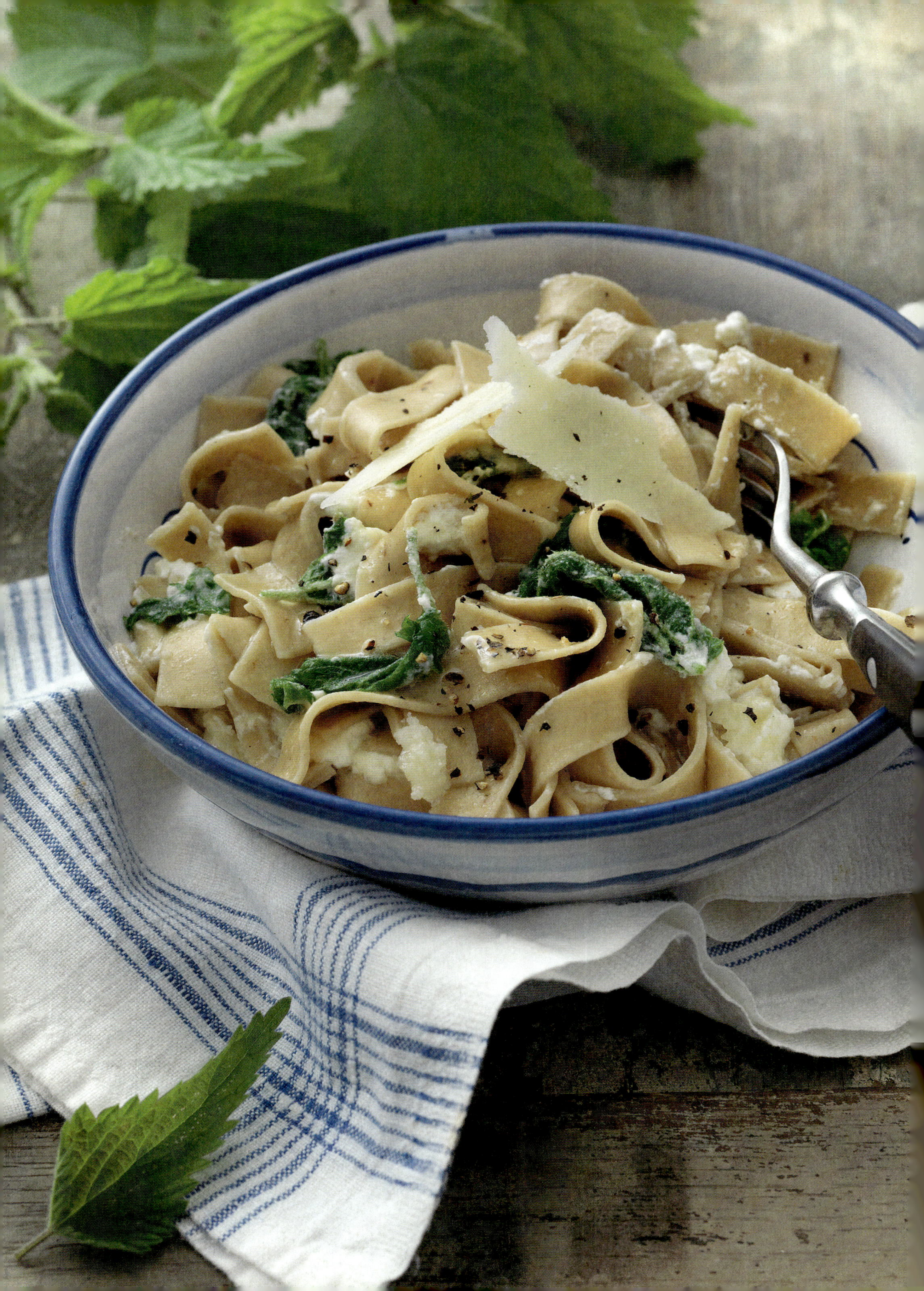

VEGETARISCHE GERICHTE

Gemüse im Tilsitermantel – 84
Schabziger Älplermagronen – 86
Gratinierte gefüllte Tomaten – 88
Zwieback-Gemüse-Lasagne – 90
Spiralnudeln mit Zucchini und Thymian – 92
Kartoffelgratin mit Tomaten – 94
Ribelziegel mit Steinpilzen – 96
Raclette – 98
Nudeln mit Brennnesseln – 100
Reis mit Lauch und Emmentaler AOP – 102
Fondue moitié-moitié – 104
Kastanienagout mit Salbei – 106
Maisgratin mit Spinat – 108
Teigwaren mit Grünspargel – 110

Gemüse im Tilsitermantel

EIN LECKERES MÄNTELCHEN

In Tilsiterkäse gehüllt statt in trockenes Paniermehl, so schmeckt Gemüse auch Leuten, die sonst lieber über die Vegiplatte hinweg zum Fleisch greifen. Schon früher versuchte man Nahrungsmittel zu strecken, wenn sie knapp waren. Als sich die Türken im 17. Jahrhundert an der Belagerung von Wien nicht nur die Zähne ausbissen, sondern selbst kaum mehr etwas zu beissen hatten, sollen sie ihre spärlichen Vorräte mit einer Kruste aus grünem Laub und Sägespänen gestreckt haben. Die Technik wurde beibehalten, doch in besseren Zeiten verwendete man in Krümel geriebenes Brot. Heute werden nicht nur Wiener Schnitzel paniert. Zudem besteht die Panade nicht mehr ausschliesslich aus trockenem Brot. Mindestens so lecker ist ein «Mäntelchen» aus Tilsiterkäse, der beim Braten cremig verläuft.

1 grosser Kohlrabi – 1 kleiner Knollensellerie – 200 g Zucchetti (grosser Zucchino) – 1 Aubergine – 3–4 EL gehackte, gemischte Kräuter – **Panade** Weissmehl – 3 grosse Eier – 300 g roter Tilsiter – Bratbutter

1 Kohlrabi und Sellerie schälen und in 8 bis 10 mm dicke Scheiben schneiden. Im Dampf knackig garen. Zucchetti ungeschält in etwa 10 mm dicke Scheiben schneiden. Aubergine beidseitig kappen und in etwa 10 mm dicke Scheiben schneiden.

2 Eier verquirlen, Tilsiter auf der Bircherraffel dazureiben.

3 Gemüsescheiben mit den Kräutern würzen, zuerst im Mehl, dann in der Eier-Tilsiter-Masse wenden, bei mittlerer Hitze in einer weiten Bratpfanne in der Bratbutter portionsweise braten. Warm stellen.

TIPP Mit einem bunten Blattsalat servieren.

Ein weitgereister Käse

Ein Heissluftballon in der Form einer rot/grün gefleckten Zwillingskuh war der Liebling meiner Kinder. Sie stellten schnell fest, dass er der Werbeträger für den von ihnen bevorzugten Käse ist. Für mich war der Tilsiter stets ein echtes Schweizer Produkt, mit feinem Aroma und erst noch günstig. Dabei lag Tilsit einst in Ostpreussen. Möglich, dass er von tüchtigen Schweizer Käsern kreiert wurde, die vor Jahrhunderten in jenen Gegenden sehr willkommen waren. Der Thurgauer Otto Wartmann brachte das Rezept 1893 von einer Reise nach Tilsit mit und begann selber Käse herzustellen. Für die Produktion, die Erhaltung, die Förderung und die Vermarktung dieser feinen Spezialität setzt sich die SO Tilsiter Switzerland in Weinfelden ein. Übrigens: «Tilsiterland» liegt seit 2007 offiziell im Dreieck Thurgau – St. Gallen – Zürcher Oberland. www.tilsiter.ch

Schabziger Älplermagronen

ITALIENISCH-SCHWEIZERISCHES «MATRIMONIO»

Keine Berghütte, die sie nicht auf der Speisekarte führt. Manchmal erhält man sie sogar in besseren Touristen-Restaurants: Älplermagronen gelten als herzhaftes Gericht aus dem schweizerischen Alpenraum. Doch ursprünglich ging es um eine «Heirat» von helvetischen Kartoffeln mit Maccheroni aus den «Heimweh-Vorräten» der italienischen Mineure. Die Frage, ob es Sennen oder Tunnelbauer waren, welche die haltbaren, aber zu jener Zeit schwer erhältlichen Trockenteigwaren mit billigen Kartoffeln streckten, sei dahingestellt. Für die Älplermagronen werden seit jeher Eierteigwaren verwendet, vorzugsweise die kurzen, dicken Formen wie Penne oder Maccheroni. Vermischt mit Rahm, Schabziger und Käse und mit gerösteten Zwiebeln bestreut, stillen sie selbst den grössten Hunger. Zwingend dazu gehört süsses Apfelmus.

---

600 g festkochende Kartoffeln – 250 g Magronen (Maccheroni) oder Hörnli – 150 g würziger Alpkäse, grob gerieben (Röstiraffel) – 100 g Glarner Schabziger, fein gerieben (Bircherraffel) – 1 dl Rahm – wenig Muskatnuss – **Zwiebelschwitze** 2 grosse Zwiebeln – 1–2 EL Mehl – Bratbutter

1 Kartoffeln schälen und in Würfelchen schneiden.
2 Kartoffeln und Magronen in viel Salzwasser al dente kochen. Unter Einstreuen des Alpkäses in eine vorgewärmte Schüssel füllen. Im vorgeheizten Ofen bei 100 °C warm stellen. Rahm und Schabziger erhitzen, über die Älplermagronen verteilen. Warm stellen.
3 Zwiebeln in feine Ringe schneiden und im Mehl wenden, in der heissen Bratbutter braten. Über die Älplermagronen verteilen. Sofort servieren.

TIPPS Mit einem Kompott aus Äpfeln, Birnen oder Quitten servieren. Oder mit Apfelmus oder Salat servieren. Zusätzlich fein geriebenen Schabziger über die Älplermagronen streuen und erst danach die Zwiebeln darüber verteilen.

Glarner Schabziger

SEIT 550 JAHREN EIN PAAR: SCHABZIGER UND ZIGERKLEE

Er ist einzigartig, der Glarner Schabziger. Für die Herstellung des Käses wird aus Magermilch unter Beigabe von speziellen Milchsäurebakterien die Zigermasse gewonnen, das Milcheiweiss, das weder Kohlenhydrate noch Fett enthält. Während Wochen wird der Rohziger in Chromstahltanks gelagert und macht die erste Fermentation durch. Schon jetzt entwickelt er seinen typischen Duft, der später durch die Zugabe des Zigerkrauts noch verstärkt wird. Mit 550 Jahren gibt sich der Schabziger innovativer denn je: Nebst Stöckli und Zigerbutter ist er auch als Frischkäse unter dem Namen «Glarner Grüessli» erhältlich.
www.schabziger.ch

Gratinierte gefüllte Tomaten

DIE LIEBESÄPFEL MIT DEM LECKEREN SBRINZHERZEN

Fertig mit «Plastiktomaten», die zwar schön rot aussehen, aber nach nichts schmecken. Wer sucht, der findet auf den Märkten oder beim Gemüsebauern wieder alte aromatische Sorten wie Berner Rose, Ochsenherz, Küssnachter, Green Giant und wie sie alle heissen. Andreas Sprecher (www.tomandi.ch) hat im Lauf der Jahre eine Sammlung von 1200 verschiedenen autochthonen Sorten aus der ganzen Welt zusammengetragen. Darunter gibt es nicht wenige, denen unser Klima sehr behagt und die uns mit einem reichen Farbenmix überraschen. Die Aromen – von säuerlich bis zuckersüss – unterscheiden sich durch feine Nuancen, die sowohl roh wie gekocht zur Geltung kommt.

4 sonnengereifte Tomaten – **Füllung** 3 EL Olivenöl – 1 Knoblauchzehe, fein gehackt – 250 g Blattspinat – 2 EL Ricotta oder zerdrückter Feta, nach Belieben – 80 g geriebener Sbrinz – Kräutersalz – frisch gemahlener Pfeffer

1 Tomaten quer halbieren und entkernen.
2 Knoblauch im Olivenöl andünsten, Spinat kurz mitdünsten, Ricotta und Sbrinz unterrühren, mit Kräutersalz und Pfeffer würzen, in die Tomaten füllen.
3 Gefüllte Tomaten im vorgeheizten Ofen bei 180 °C 15 bis 20 Minuten backen.
TIPP Die gefüllten Tomaten sind mit einem Salat und mit knusprigem Brot eine leichte Sommermahlzeit.

Olivenöl

HANDVERLESEN UND KALT GEPRESST

Unter dem Label Terra Verde werden seit über 15 Jahren mediterrane Qualitätsprodukte aus kontrolliert biologischem Anbau angeboten. Bei der Herstellung dieser exquisiten Spezialitäten zum Ess- und Trinkgenuss werden fairen Arbeitsbedingungen und dem Schutz der Natur grösste Beachtung geschenkt. Das Olivenölangebot von Terra Verde eignet sich ausgezeichnet für die kalte Küche und die schonende Zubereitung von warmen Speisen. Die Früchte für die naturreinen, kaltgepressten Öle und die extrafeinen Aromaöle werden von Hand geerntet, sorgfältig verlesen und mit moderner Technologie verarbeitet. Die ganze exquisite Palette von mediterranen Produkten kann online bestellt werden. www.terra-verde.ch

Zwieback-Gemüse-Lasagne

VIEL MEHR ALS SCHONKOST

Zwieback und Schwarztee sind eher mit unangenehmen Kindheitserinnerungen verbunden. Beim Stichwort «Zwieback mit Ovomaltine» dagegen erscheint das Bild einer Familienidylle mit Urgrossmutter und Grossmutter in schwarzem, fein geblümtem, knöchellangem Rock, welche die Enkelin am Küchentisch mit unbekannten Köstlichkeiten verwöhnen, damit sie gross und stark wird. Dass selbst Back-Banausen aus Zwieback leckere Guetzli herstellen können, ist spätestens seit der Pfadizeit bekannt. Und wenn es schnell gehen muss, zaubert man aus Zwieback und Rhabarberkompott ein feines Frühlingsdessert. Doch wer hätte gedacht, dass sich aus Zwieback eine Lasagne herstellen lässt? Das Ergebnis überzeugt und hat absolut nichts mit Schonkost zu tun.

---

200 g Zwieback, ohne Zucker – 1 EL Butter – 1 grosse Zwiebel, klein gewürfelt – 200 g Champignons, in Scheiben – 2 Zucchini, in Scheiben – 200 g grüne Bohnen, knackig gegart – 2 Fleischtomaten, in Schnitzen – **Béchamelsauce** 1 EL Butter – 2 EL Mehl – 1 dl Gemüsebouillon – ½ l Milch – 1 dl Rahm – Salz – frisch gemahlener Pfeffer – Muskatnuss – frisch geriebener Gruyère

1 Für die Béchamelsauce Butter schmelzen, Mehl zugeben und andünsten, mit Gemüsebouillon ablöschen, glatt rühren, Milch und Rahm zugeben und unter Rühren aufkochen, einige Minuten köcheln lassen, mit Salz, Pfeffer und Muskatnuss würzen.

2 Zwiebeln in der Butter andünsten, Champignons und Zucchini kurz mitdünsten.

3 Boden der eingefetteten Gratinform mit wenig Béchamelsauce bedecken. Mit Zwieback belegen, fortfahren mit Gemüse (Tomaten, grüne Bohnen, Pilz-Zucchini-Mix), mit Béchamelsauce beträufeln, mit Zwieback bedecken, weiterfahren mit Gemüse, Béchamelsauce und Zwieback, abschliessen mit Béchamelsauce, Gruyère darüberstreuen.

4 Lasagne in der Mitte in dem auf 200 °C vorgeheizten Ofen etwa 20 Minuten backen.

Zweimal gebacken = Zwieback

Zwieback ist leicht und sehr lange haltbar. Er gehört in jede Militär-Notration und findet Platz im Wanderrucksack. Bereits die Griechen und Römer machten sich das zweimalige Backverfahren zunutze, um genug Proviant für ihre Eroberungszüge zu Lande und zu Wasser zu haben. Auch Kolumbus wäre kaum bis nach Amerika gekommen, wenn er keinen Schiffszwieback an Bord gehabt hätte. Heute ist das aus feinem Mehl, Wasser, Zucker, Pflanzenfett, Magermilchpulver und Hefe hergestellte Brotgebäck ein bekömmliches Alltagsprodukt. «Einback» nennt es sich nach dem ersten Backvorgang. Nach einem Tag Ruhezeit wird das Einback in gleichmässige Scheiben geschnitten und schonend geröstet. «Roland Zwieback» gibt es seit 1941. Er ist in den Varianten «Classic», «Vollkorn» und «ohne Kristallzucker» erhältlich und wird aus besten Rohmaterialien hergestellt.
www.roland.ch

Spiralnudeln mit Zucchini und Thymian

SCHNELL, GÜNSTIG UND GUT

Je wärmer die Sommertage, umso weniger ist einem zum Kochen zumute. Und trotzdem sollte für die Familie etwas Sättigendes auf dem Tisch stehen. Wie wäre es mit Teigwaren, kombiniert mit Zucchini und Thymian? Das ist ein sommerliches, fast mediterran anmutendes und optisch ansprechendes Gericht, das im Nu fertig ist. Auch vom gesundheitlichen Wert her gibt es nichts auszusetzen, denn die Kernser 3-Ei-Spiralen werden aus wertvollem UrDinkelmehl aus dem Seetal hergestellt.

300–400 g Spiralnudeln − Salz − 1 EL Olivenöl − 1 grosse Zwiebel − 1 Knoblauchzehe − 2 Zucchini − 1 Bund blühender Thymian, zerkleinert − einige in Öl eingelegte schwarze Oliven, entsteint, in Streifchen − ½ Bio-Zitrone, abgeriebene Schale und Saft − 1 EL Olivenöl − Kräutersalz − frisch gemahlener Pfeffer

1. Zwiebel halbieren und in feine Streifen schneiden. Zucchini beidseitig kappen, in feine Scheiben schneiden.
2. Zwiebeln, durchgepressten Knoblauch und Zucchini im Olivenöl andünsten, restliche Zutaten zugeben und kurz weiterdünsten, mit Kräutersalz und Pfeffer abschmecken.
3. Spiralnudeln in reichlich Salzwasser al dente kochen. Abgiessen. Mit den Zucchini mischen.

Pasta

FAMILIENSACHE IN 3. GENERATION

Pasta soll eine Erfindung der Römer gewesen sein. Zudem ist verbürgt, dass sich die Mönche des Klosters Disentis ab 1731 als Teigwarenhersteller betätigten. Gut hundert Jahre später entstand in Luzern die erste Teigwarenfabrik in der Schweiz. Es vergingen weitere hundert Jahre, bis Bäcker Röthllin 1936 in Kerns mit der Produktion von Hörnli, Spaghettti & Co. anfing. In jener Zeit gab es 75 regionale Pasta-Hersteller. Übriggeblieben sind vier grosse, die entweder den Grossverteilern gehören oder diese beliefern, und vier kleine. Unter diesen nimmt die Kernser Pasta Röthllin eine Sonderstellung ein, denn sie ist bis heute ein Familienunernehmen und produziert hochwertige Pasta nach traditioneller Walzart in verschiedenen Varianten und unzähligen Sorten.
www.kernser-pasta.ch

Kartoffelgratin mit Tomaten

DER «APFEL», DER AUS DER ERDE KOMMT

Die europäische Küche wäre um vieles ärmer, wenn es die Kartoffeln nicht gäbe. Ob festkochend, vorwiegend festkochend oder mehlig, ob goldgelb, rötlich oder violett – sie sind wahre Allroundtalente. Als Gschwellti sind sie am gesündesten. Als Pommes frites oder Chips am beliebtesten. Der rahmige Kartoffelstock verführt die Kids noch heute dazu, mit dem Löffel Vertiefungen zu machen und mit Sauce zu füllen. Der Kartoffelgratin, der mit verschiedensten Zutaten angereichert werden kann, ist ein Gericht, das nie verleidet, egal ob als Hauptspeise oder als klassische Sättigungsbeilage. Für Eilige gibt es unterdessen immer mehr Halbfertig- und Fertigprodukte, die bloss noch in die Pfanne gegeben oder in den Backofen geschoben werden müssen. Doch die «Erdäpfel» mögens nicht nur rassig, rahmig und rezent, sondern wären durchaus für ein süsses Abenteuer zu haben.

600–800 g festkochende Kartoffeln – 2 mittelgrosse Zwiebeln, fein gewürfelt – 1 Bund Majoran, Blättchen abgezupft – Salz – frisch gemahlener weisser Pfeffer – 4–6 Tomaten – 3 dl Gemüsebouillon – 2 dl Weisswein – 100 g reifer Walliser Käse, auf der Röstiraffel gerieben

1 Kartoffeln schälen und in Würfel schneiden. Tomaten an der Spitze kreuzweise einschneiden, im Schaumlöffel in kochendes Wasser tauchen, bis sich die Haut löst, Tomaten unter kaltem Wasser abschrecken, schälen, Stielansatz ausstechen, in Schnitze schneiden.
2 Backofen auf 200 °C vorheizen.
3 Gratinform einfetten, zuerst Zwiebeln und Kartoffeln in die Form verteilen, mit Majoran, Salz und Pfeffer würzen. Mit den Tomaten belegen, würzen. Gemüsebouillon und Weisswein dazugiessen.
4 Kartoffelgratin in der Mitte in den Ofen schieben und bei 200 °C 40 Minuten backen. Käse etwa 10 Minuten vor Ende der Backzeit über den Gratin verteilen.

Kartoffel

FRAUENPOWER AUF DEM KARTOFFELACKER

Sie heissen Annabelle, Agria, Amandine, Charlotte, Désirée, Lady Felicia oder Victoria. Mit ihren klangvollen Namen lösen sie alte bekannte Sorten wie Bintje, Urgenta & Co. nach und nach ab, weil sie den heutigen Anforderungen bezüglich Anbau und Verwendung besser entsprechen. Auf einer Fläche von 11 000 Hektaren werden in der Schweiz mehr als 30 Kartoffelsorten angebaut. Die Vielfalt in Form, Fleischfarbe, Stärkegehalt, Aroma usw. lässt auch bei den anspruchsvollsten Gourmets kaum Wünsche offen. Zudem gibt es eine riesige Auswahl an alten ProSpecieRara-Sorten wie Ackersegen, blaue Schweden, Parli oder Müsli, die heute vor allem in Privatgärten wieder vermehrt angebaut werden. Die Kartoffel ist ein Wunder der Natur, wenn man bedenkt, dass sich aus einer einzigen Mutterknolle ohne weiteres 10 bis 20 Tochterknollen entwickeln können. Sie liebt humosen Boden, gedeiht aber auch auf kargem Grund. Nur Dauerregen mag sie nicht – dann wird sie faul und stinkig.

www.kartoffel.ch

Ribelziegel mit Steinpilzen

«TÜRGGEN» – EINE RHEINTALER SPEZIALITÄT

Alte Regionalprodukte feiern ein Comeback. Viele sind dem kommerziellen «Einheitsbrei» geschmacklich weit überlegen. Das trifft auch auf den Ribelmais zu. Im Rheintal gehörte er bis in die Nachkriegszeit zu den Hauptnahrungsmitteln. Veränderte Essgewohnheiten und ertragreichere Getreidezüchtungen degradierten ihn zum Tierfutter. Heute ist der Ribelmais mit seiner charakteristischen weissbeigen Farbe wieder als Speisegriess, -dunst und -mehl erhältlich. In der Küche wird er wie konventioneller Mais verwendet. Die Bezeichnung «Ribel» ist auf die einst gebräuchlichste Zubereitungsart zurückzuführen: Ribelmaisdunst wird heiss angebrüht – am besten am Vorabend und am nächsten Tag mit Butter oder Öl in der Bratpfanne sorgfältig geribelt und die Maisklümpchen, die dabei entstehen, goldbraun geröstet.

Ribelziegel 4 dl Wasser – 4 dl Milch – Salz – frisch gemahlener Pfeffer – 200 g Rheintaler Ribelmais – 2 Eigelbe – 50 g Bratbutter **Pilzragout** 20 g Butter – 50 g gehackte Schalotten – 400 g frische Steinpilze – Salz – frisch gemahlener Pfeffer – 2 dl Rahm

1 Wasser und Milch aufkochen, würzen, Ribelmais zugeben, nochmals erhitzen, bei schwacher Hitze zugedeckt etwa 15 Minuten quellen lassen, ab und zu rühren. Eigelbe unterrühren. Ribelmais in eine mit Klarsichtfolie ausgelegte Form füllen. Erkalten lassen. Ribelmais stürzen, in 15 mm dicke Ziegel / Scheiben schneiden. In einer weiten Bratpfanne in der Bratbutter beidseitig braten, warm stellen.

2 Steinpilze putzen, in Scheiben schneiden. Schalotten in der Butter andünsten, Steinpilze zugeben, würzen, dünsten, bis die Pilze hellbraun sind, aus der Pfanne nehmen. Rahm zugeben, Sauce sämig einkochen lassen, würzen. Pilze zugeben, erhitzen.

3 Steinpilzragout auf vorgewärmten Tellern anrichten, Ribelziegel darauflegen.

Ribelmais

EINZIGES SCHWEIZER AOP-GETREIDE

Seit bald 450 Jahren wird das «grano turco» – das Korn, das aus der Türkei kam – im Rheintal angebaut. Dass es den Ribelmais noch gibt, ist Rolf Künzler vom Landwirtschaftlichen Zentrum Rheinhof/Salez zu verdanken. Er initiierte in den 1990er-Jahren das Projekt Rheintaler Ribelmais. Diese alte Landsorte wurde damals kaum mehr kultiviert. Da jede Familie ihr eigenes Saatgut hatte, war eine grosse genetische Vielfalt erhalten geblieben. Der 1998 von Produzenten, Verarbeitern, Gastronomen und Interessierten gegründete Verein Rheintaler Ribelmais unterstützt den Anbau und die Vermarktung dieses wertvollen regionalen Kulturguts. Inzwischen ist das Korn, das mit dem Keimling gemahlen wird, das erste Getreide, das die AOP-Ursprungsgarantie für Regionalprodukte führen darf.
www.ribelmais.ch

Raclette

RACLER LE FROMAGE

Raclette gehört zusammen mit dem Käsefondue zu den wichtigsten Schweizer Nationalgerichten. Es verdankt seinen Namen der Zubereitungsart: «Racler» heisst «schaben» oder «kratzen». Die urtümlichste Art, Raclette herzustellen, ist im offenen Feuer: Ein halber Laib Vollfettkäse wird so nahe an die Glut gelegt, dass die Schnittstelle zu schmelzen beginnt. Dabei verleiht der Rauch dem Käse einen unverwechselbaren Geschmack. Die geschmolzene Schicht wird abgeschabt und über Gschwellti oder auf eine Brotscheibe gegeben. In der Nachkriegszeit des letzten Jahrhunderts wandelte sich die «Hirtenspeise» zum Volksgenuss. Heute gibt es elektrische Tisch-Raclette-Öfen mit flachen Pfännchen, in denen jeder seine Käsescheibe schmelzen kann. Hervorragend für ein gemütliches Essen im Familien- und Freundeskreis.

---

500 g Raclettekartoffeln – 400 g Raclettekäse, in Scheiben – frisch gemahlener Pfeffer – edelsüsses Paprikapulver – Cornichons – Silberzwiebelchen

1 Kartoffeln in der Schale im Dampf weich garen, in ein Geschirrtuch oder in Servietten einschlagen und warm halten.
2 Käsescheiben im Pfännchen oder auf einem hitzebeständigen Teller im Backofen bei starker Hitze schmelzen, würzen.

Essiggurken

EINE HARMONISCHE ESSGEMEINSCHAFT

Die Bezeichnung «Raclette» wurde 1874 erstmals schriftlich erwähnt und hat sich im deutschen Sprachraum rasch eingebürgert. Doch was wäre ein Raclette mit Gschwellti ohne knackige Essiggurken? Sie sind ein Farbtupfer auf dem Teller und die pikante Note im Gaumen. Doch Schweizer Essiggurken gehören zur raren Spezies. Reitzel Suisse SA in Aigle ist das einzige Unternehmen, das noch Schweizer Essiggurken verarbeitet. Wurden in den 1980er-Jahren noch 1800 Tonnen angebaut, beträgt die Produktion heute weniger als ein Zehntel davon. Auch wenn Essiggurken, anders als der «Bratkäse», welcher in den Rodeln ob- und nidwaldnerischer Klöster bereits im 13. Jahrhundert erwähnt wird, nicht zum Kulturgut der Schweiz gehören, sollte «einheimisches Schaffen» auch hier berücksichtigt werden.

www.hugoreitzel.ch

Nudeln mit Brennnesseln

LAUTER WERTVOLLE OLDIES AUS DER NATUR

Wenn's schnell gehen muss und es trotzdem gesund sein soll, sind UrDinkel-Nudeln empfehlenswert. Sie haben eine Kochzeit von 8 bis 10 Minuten. Die Kombination mit jungen Brennnesseltrieben ist ein richtiger Frühlingshit. Diese verleihen den Teigwaren einen frischen, herb-würzigen Geschmack und versorgen unseren Körper mit Vitamin C, Eisen und Magnesium. Dinkel, das Urgetreide aus der Bronzezeit, zeichnet sich ebenfalls durch Eigenschaften aus, die vielen anderen Nahrungsmitteln fehlen: Er sättigt nachhaltig, ist leicht basisch und belastet die Verdauung nicht. Er stimmt heiter, liegt voll im Gourmet-Trend und ist von Natur aus ein Öko-Getreide – vorausgesetzt, man wählt die alten, echten Sorten.

---

350 g UrDinkel-Nudeln – 2 grosse Handvoll Brennnesseltriebspitzen – 100 g Frischkäse – 50 g geriebener Sbrinz – frisch gemahlener Pfeffer – Olivenöl

1 Nudeln in viel Salzwasser al dente kochen. 2 bis 3 Minuten vor Ende der Garzeit Brennnesseln zugeben und mitkochen. Abgiessen.
2 Eine Schüssel mit heissem Wasser erwärmen. Nudeln, Frischkäse und Sbrinz darin mischen, mit Pfeffer abschmecken.
3 Nudeln anrichten, mit Olivenöl beträufeln.

Pasta

DIE KRAFT EINHEIMISCHEN SCHAFFENS

Wenn es die Teigwaren nicht schon seit mehreren Jahrtausenden gäbe, müssten sie schnellstens erfunden werden. Pasta lässt sich industriell in grossen Mengen herstellen: Mehl und Wasser sind die elementaren Bestandteile für jeden Nudelteig. Ein weiterer Vorteil ist, dass sie in getrocknetem Zustand lange haltbar sind. Italien gilt als Pasta-Hochburg. Ein grosser Teil der italienischen Produktion wird exportiert. Doch unsere einheimischen Teigwaren stehen den klingenden Namen aus dem Süden in nichts nach. Auch wenn sie an einer Hand abzuzählen sind, dürfen wir stolz sein auf die innovativen Hersteller, zu denen der Kernser Familienbetrieb Röthlin gehört. Vielleicht ist das der Grund, weshalb die Schweizer – nach den Italienern – zu den grössten Pasta-Liebhabern gehören.
www.kernser-pasta.ch

Reis mit Lauch und Emmentaler AOP

MAN NEHME, WAS VORRÄTIG IST

Den Reis haben die italienischen Gastarbeiter mitgebracht. Längst ist er in jedem Haushalt vorrätig. Käse meistens auch. Der Lauch wächst vielleicht sogar im eigenen Garten. Sicher ist er das ganze Jahr auf dem Markt oder in der Gemüseabteilung im nächsten Laden erhältlich.
Das Gericht ist einfach und schnell zubereitet und sättigt gut. In unserem Haushalt wetteiferten die Kinder, wer die längsten Emmentaler-Käsefäden ziehen kann – sehr zum Verdruss der Mutter, die Wert auf Tischmanieren legte.

---

1 EL Öl – 1 kleine Zwiebel, klein gewürfelt – 1 Knoblauchzehe, klein gewürfelt – 200 g Langkornreis – 1½ dl Weisswein – 3½ dl Wasser – 1 EL Öl – 400 g Lauch – Gemüsebouillonpulver – frisch gemahlener Pfeffer – 100 g Crème fraîche – 100 g geriebener Emmentaler AOP

1 Zwiebeln und Knoblauch im Öl andünsten, Reis mitdünsten, mit Weisswein und Wasser ablöschen, bei schwacher Hitze al dente kochen.
2 Grobfasrige Teile beim Lauch entfernen, längs aufschneiden und Hälften in Streifen schneiden, im Öl knackig dünsten. Unter den Reis mischen, kurz köcheln lassen, mit Gemüsebouillonpulver und Pfeffer würzen.
3 Crème fraîche und Emmentaler unter den Reis rühren.
TIPP Mit gebratenen Zwiebelringen garnieren.

Emmentaler AOP

EINER DER BERÜHMTESTEN SCHWEIZER EXPORTARTIKEL

Wenn Sie das nächste Mal Emmentaler Käse kaufen, sollten Sie auf die «Geschützte Ursprungsbezeichnung» (GUB) achten, besser bekannt unter der französischen Abkürzung AOP (Appellation d'Origine Protégée). Produkte mit diesem Label haben einen historischen Bezug zur Herkunft und sind nach althergebrachtem Wissen produziert worden. Sie unterliegen strengen Anforderungen bezüglich Herkunft, Herstellung und Qualität. Nur Käse, der dieses Pflichtenheft erfüllt und 18 von 20 möglichen Taxationspunkten erhalten hat, kann als Emmentaler AOP verkauft werden. Auch wenn der Emmentaler viel Konkurrenz hat, verteidigt er seinen Ruf als «König unter den Käsen» erfolgreich. Immerhin gehört er zusammen mit der Schokolade noch immer zu den berühmtesten Schweizer Exportartikeln.
www.emmentaler.ch

Fondue moitié-moitié

FONDUE ISCH GUET UND GIT E GUETI LUUNE

Manche sagen, die Kappeler Milchsuppe sei der Vorläufer des Fondues gewesen. Diese These wird durch Funde aus den Anfängen der alpenländischen Milchwirtschaft widerlegt. Sie beweisen, dass bereits damals hart gewordener Käse mit Wasser oder Milch zu einer Art Käsesuppe aufbereitet und mit Fladenbrot aufgetunkt wurde. Heute gibt es eine Vielzahl von herrlichen Fondues. Ihr Geheimnis liegt in der Zusammensetzung der Käsesorten. Zu den klassischen Rezepten gehört das Moitié-Moitié aus den zwei Fribourger Käsespezialitäten Gruyère AOP und Freiburger Vacherin AOP. In einem bleiben sich alle Fonduepartys gleich: Man pfeift auf Förmlichkeiten und sagt allen «du». Wer beim Rühren im Caquelon den Brotbrocken verliert, muss eine Runde Schnaps spendieren oder sich anderweitig revanchieren.

FÜR 2 PERSONEN 200 g Gruyère AOP – 200 g Freiburger Vacherin AOP – 2 dl spritziger Weisswein, z. B. Chasselas/Gutedel – 2 Schalotten, halbiert – 2 Knoblauchzehen, geschält und gequetscht – 5 Abriebe Muskatnuss – frisch gemahlener schwarzer Pfeffer, nach Belieben – 1 EL Maisstärke – 1 Msp Backpulver – 20 ml Kirsch – **Zum Eintauchen** 250 g frisches Weiss- oder Ruchbrot

1 Käse entrinden. Gruyère auf der Röstiraffel in das Caquelon reiben. Freiburger Vacherin in 5 mm grosse Würfelchen schneiden, mit Weisswein, Schalotten, Knoblauch und Gewürzen im Caquelon mischen.
2 Maisstärke und Backpulver mit Kirsch glatt rühren.
3 Brot in mundgerechte Würfel schneiden.
4 Marinierte Käsemischung bei mittlerer Hitze unter Rühren schmelzen, Kirsch-Gemisch unterrühren, Fondue nochmals erhitzen.
5 Caquelon auf das angezündete Rechaud stellen, Fondue am Kochpunkt halten, immer wieder rühren.

VARIANTE Würfelchen von eingemachten Birnen und frische Apfelstückchen eintauchen.

Gruyère AOP und Vacherin fribourgeois AOP

HALB UND HALB IST DOPPELT GUT

Ob die Speise den Schweizer Pass zu Recht besitzt, ist nicht gesichert. Neben den Kantonen Wallis und Waadt beansprucht auch Savoyen die Erfindung des Fondues für sich. Bei den Zutaten jedoch besteht kein Zweifel an der originalen Herkunft: 1115 wurde schriftlich festgehalten, dass der Gruyère in der Region produziert wird. Zusammen mit dem Vacherin fribourgeois gehört er zum klassischen Fonduerezept Moitié-Moitié. Der Legende nach soll der Vacherin nach Vacarius, einem Freiburger Mönch, benannt sein. Dieser habe sein Wissen über die Käseherstellung nach seiner Rückkehr aus Spanien an die Einheimischen weitergegeben. Es gibt zwei Sortenorganisationen, eine für Gruyère AOP und eine für Vacherin fribourgeois AOP.
www.gruyere.com / www.vacherin-fribourgeois-aoc.ch

Kastanienragout mit Salbei

ÄHNLICH UND DOCH ANDERS

Es muss nicht immer Fleisch sein und Marroni müssen nicht nur Beilage sein. Das beweist dieses wunderbare, mit Salbei gewürzte Ragout. Vom Mittelalter bis ins vorletzte Jahrhundert gehörten die wärmeliebenden Edelkastanien zu den Hauptnahrungsmitteln grosser Teile der Landbevölkerung, vom gebirgigen Mittelmeerraum bis zum Alpensüdrand. So entstanden viele einfache Rezepte, die sich ähnlich sind, ob sie nun aus dem Südtirol, der Ardèche, aus Sardinien oder dem Tessin stammen. Marroni sind fettarm und mehlig in der Konsistenz, nussig und leicht süsslich im Aroma und lassen sich – ganz, als Flocken oder gemahlen – auf vielfältige Weise in der Küche einsetzen.

4 EL Olivenöl – 2 kleine Zwiebeln – 30 Salbeiblätter – 300 g getrocknete Marroni – ¾ l Milch – Kräutermeersalz – frisch gemahlener Pfeffer

1 Marroni über Nacht in kaltem Wasser einweichen. Einweichwasser weggiessen. Dunkle Stellen und Trennhäutchen entfernen.
2 Zwiebeln fein hacken. Salbeiblätter in Streifchen schneiden.
3 Zwiebeln im Öl andünsten, Salbei und Marroni kurz mitdünsten. Milch aufgiessen, würzen und bei schwacher Hitze köcheln lassen, bis die Marroni weich sind. Möglichst nicht rühren, damit die Früchte ganz bleiben. Eventuell Milch nachgiessen. Das Ragout darf nicht trocken sein.
MAHLZEIT Mit Gemüse und Salat servieren.

La Pinca

VON DER ARMELEUTE-KOST ZUR DELIKATESSE

«La Pinca» ist eine echte Tessinerin. Die typische Edelkastaniensorte aus dem Malcantone gab dem seit 1998 auf die Kultur und Veredelung dieser alten Frucht spezialisierten Betrieb seinen Namen. Die Kastanien werden in den Tessiner Tälern ohne jegliche chemisch-synthetische Hilfsmittel kultiviert. Sie ist eines der wenigen basenbildenden Stärkeprodukte (im Gegensatz zum Getreide, das immer säurebildend ist). Die Frucht ist reich an Kalium. Weil sie kein Klebereiweiss enthält, eignet sie sich auch bei Glutenunverträglichkeit. Auf traditioneller Basis und ohne künstliche Zusatzstoffe hat «La Pinca» eine abwechslungsreiche Palette von Kastanienprodukten entwickelt, welche den modernen Ernährungsgewohnheiten entgegenkommt.
Kastanien-Spezialitäten Müllauer, Dübendorf:
www.lapinca.ch

Maisgratin mit Spinat

«INKAGOLD» IN HEIMISCHEN KOCHTÖPFEN

Der Blick von der engen Tessiner Gasse in die dämmrige, nur vom Schein des offenen Feuers erhellte Küche gehört zu den allerfrühesten Kindheitserinnerungen. Mit fast meditativen Bewegungen rührte eine alte, schwarzgekleidete Frau im Kupferkessel, der magische Genüsse versprach. Polenta hiess das Zauberwort. Das tönt schöner als «Maisbrei». Und am Granittisch in der Pergola schmeckte sie auch viel besser als der Maisgriess, der zu Hause auf dem Elektroherd gekocht wurde. Polenta gehört im Tessin und in Norditalien zu den traditionsreichsten Zubereitungsformen. Früher gab es sie kalt zum Zmorge, zusammen mit Konfi und Milch. Am Mittag wurde der feste Brei in Scheiben geschnitten und knusprig gebraten. Polenta ist noch heute mehr als eine fade, trockene Beilage und schmeckt auch ohne Saucenfleisch.

---

1 dl Milch – 2½ dl Gemüsebouillon – 160 g feiner Maisgriess – 2 EL Rapsöl – 2 mittelgrosse Karotten – 300 g erntefrischer, zarter Spinat – 1 dl Gemüsebouillon – 2 Eier, Eigelb und Eiweiss getrennt – gehackter Thymian oder Salbei oder Majoran – 4 EL geriebener Sbrinz – frisch gemahlener Pfeffer – 200 g Sauerrahm

1 Milch mit Gemüsebouillon aufkochen, Maisgriess einrieseln lassen. Bei schwacher Hitze unter häufigem Rühren 5 Minuten köcheln lassen, auf der ausgeschalteten Wärmequelle zugedeckt ausquellen lassen.

2 Karotten schälen und auf der Röstiraffel reiben, im Rapsöl andünsten, mit Gemüsebouillon ablöschen, knackig garen. Spinat die letzten 3 Minuten mitdünsten.

3 Eiweiss zu Schnee schlagen.

4 Polenta, Gemüse, Eigelbe, Kräuter und Sbrinz vermengen, mit Pfeffer würzen. Sauerrahm unterrühren, Eischnee unterheben. In eine eingefettete Gratinform füllen.

5 Maisgratin in der Mitte in dem auf 180 °C vorgeheizten Backofen 35 bis 40 Minuten backen.

Mais

FARBSPIELEREIEN MIT TESSINER POLENTAMAIS

Seit Jahrhunderten spielt Mais im Tessin eine wichtige Rolle in der Ernährung. Heute werden vermehrt Sorten angebaut, die sich durch ihre Farben und ihr Aroma unterscheiden. Eine richtige Renaissance erlebt der «Rosso del Ticino», eine alte Tessiner Landsorte. Aus dem Korn mit granatroter Schale und gelbem Inhalt entsteht hübsch gesprenkeltes Polentagriess. Eine wundersame Verwandlung macht auch der schwarze «Corvina» durch. Die alte, aus Galizien stammende Sorte wird in jüngster Zeit ebenfalls vermehrt angebaut. Beim Kochen nimmt das Mehl eine violette Farbe an. Der delikate weisse Mais stammt aus dem Veneto. Er harmoniert mit Fisch und Geflügel. In der vegetarischen Küche wird er mit Gemüse kombiniert. Am bekanntesten ist der gelbe Polentamais, der in der traditionellen Tessiner Küche oft zu Ossobucco oder Ragù serviert wird.

Teigwaren mit Grünspargel

DIE KUNST DER EINFACHEN KÜCHE

Noch immer gelten Teigwaren und Gemüse meistens als Beilagen. In diesem Rezept werden sie zu Hauptdarstellern, und die Kombination von Teigwaren und frischem Grünspargel wird zu einem frühlingsleichten, farbenfrohen Gedicht auf dem «Präsentierteller». Das Öl als Geschmacksträger ist selbstverständlich kein Allerwelts-Olivenöl, sondern ein kaltgepresstes Mandarinenöl erster Güte. Olivenöl besteht zu 75 Prozent aus einfach ungesättigten Fettsäuren und gilt als Quelle für Vitalität und Gesundheit. Man mag einwenden, dass dies wenig mit der Schweizer Küche zu tun hat. Doch die Kunst des Kochens und des Geniessens hat sich schon immer von anderen Kulturen inspirieren lassen: Das flüssige Gold des Südens bringt ein wenig mediterranes Flair in die Alpenland-Küche und wirkt sich positiv auf Körper und Geist aus.

400 g Teigwaren – **Sauce** 3 EL Olivenöl – 1 Bund Grünspargel – 1 Zwiebel, in feinen Scheiben – 1 roter Peperoncino, in feinen Ringen – 1 Bund glattblättrige Petersilie, abgezupfte Blättchen – ca. 1 dl Weisswein oder Teigwarenkochwasser – frisch gemahlener Pfeffer – Meersalz – ca. 4 EL Mandarinenöl

1 Beim Spargel die Schnittstelle grosszügig abschneiden und das untere Drittel schälen. Spitzen abschneiden. Restlichen Spargel in 3 bis 4 cm lange Stücke schneiden und diese längs halbieren.

2 Spargelspitzen, Zwiebeln, Peperoncini und Petersilie im Olivenöl bei schwacher Hitze rund 10 Minuten dünsten. Ganz am Schluss Weisswein zufügen, mit Pfeffer und Salz abschmecken, nochmals kurz köcheln lassen.

3 Teigwaren in reichlich Salzwasser al dente kochen, Spargelstücke nach halber Garzeit zufügen und mitkochen. Abgiessen.

4 Teigwaren zur Sauce geben, vermengen. Mit Mandarinenöl beträufeln.

MANDARINENÖL Kann durch Olivenöl und frisch gepressten Mandarinensaft ersetzt werden.

Olivenöl

DAS ÖL DER GÖTTER

Über das Olivenöl wurden schon Tausende von Abhandlungen geschrieben. Wie beim Wein sprechen Kenner vom «Terroir», wenn es um Geschmacksnuancen geht. Sie reichen von «grasig», «fruchtig» bis «leicht bitter». «Nativ extra» beziehungsweise «extra vergine» ist die höchste Qualitätsstufe, je niedriger der Säuregrad, umso besser verträglich. Bei «Le Delizie» von Nicola Di Capua wird das Olivenöl nach alter Tradition hergestellt. Das Pflücken der halbwildwachsenden Bergoliven in den Abbruzzen, das Pressen, Abfüllen und Verkorken der Flaschen wird mit handwerklicher Sorgfalt erledigt. Ergänzt wird das aussergewöhnliche Sortiment durch «Agrumenti»: Zur Herstellung dieses Delikatess-Öls werden die frischen Oliven zusammen mit Zitrusfrüchten kalt gepresst, was dem Öl ein wunderbar frisches Aroma verleiht.
www.ledelizie.ch

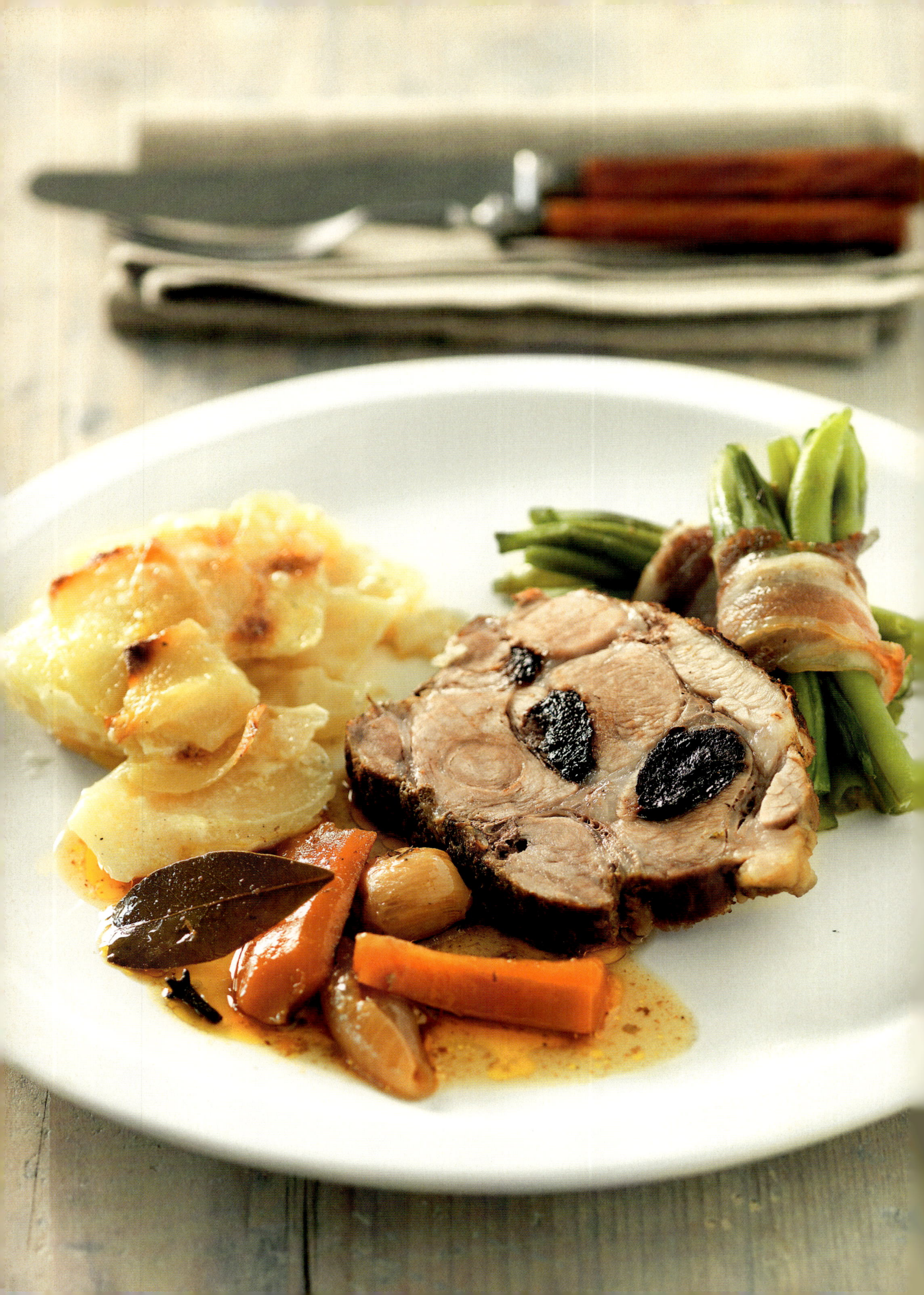

FLEISCHGERICHTE

Basler Laubfrösche – 114
Zitronenpoulet mit Kartoffeln – 116
Bündner Cordon bleu – 118
Aargauer Braten mit Dörrzwetschgen – 120
Appenzeller Gitzi im Bierteig – 122
Kaninchenfilet mit Feld-Wald-Ragout – 124
Rindschmorbraten – 126
Bolognese mit Baumnüssen – 128
Gämspfeffer – 130
Pouletbrüstchen Zürcher Art – 132
Chügelipastetli – 134
Filet im Teig – 136
Ossobucco in Merlot – 138
Freiburger Lammragout – 140
Hühnerhackbraten – 142
Krautpizokel – 144

Basler Laubfrösche

GEFÜLLT, GEWICKELT UND GESCHMORT

Prinzessinnen müssen Frösche küssen, damit diese zu Prinzen werden. Weil wir keine Prinzessinnen sind, beissen wir genüsslich in die «Basler Laubfrösche» und fühlen uns wie Königinnen. Natürlich teilen wir diese Delikatesse gern mit unseren «Prinzen». Gemeinsam tafeln ist nämlich ein königliches Vergnügen. Selbst dann, wenn es sich, wie bei diesem Gericht «nur» um ganz gewöhnliche Hackfleisch-«Tötschli» handelt, die in Mangold- oder grosse Spinatblätter eingewickelt und im Backofen geschmort werden. Das «Urheberrecht» der «Laubfrösche» wird nicht nur von den Baslern beansprucht, sondern auch von den Zürchern. Der Rest der Schweiz begnügt sich mit gewöhnlichen Krautwickeln. Das ist die währschafte, bereits im Mittelalter bekannte Wickel-Variante mit Kabis- oder Kohlblättern.

---

20 grosse Mangoldblätter – 400g gehacktes Schweinefleisch – 1½ Weggli, klein gewürfelt – 1 grosse Zwiebel, klein gewürfelt – 1 EL fein gehackte Petersilie – Salz – frisch gemahlener Pfeffer – 2 EL HOLLRapsöl – je ½ dl Weisswein und Gemüsebouillon

1 Mangoldblätter in viel Wasser blanchieren, abgiessen, zum Trocknen einzeln auf Küchentücher legen.
2 Backofen auf 200 °C vorheizen.
3 Hackfleisch, Weggli, Zwiebeln und Petersilie gut mischen, mit Salz und Pfeffer würzen.
4 Hackfleisch portionieren, Kugeln formen und diese in die Mangoldblätter einwickeln.
5 Das Rapsöl in ein Bratgeschirr geben und im Ofen erwärmen. Laubfrösche nebeneinander in die Form legen, mit Salz bestreuen, 30 Minuten bei 200 °C braten, häufig mit der Weisswein-Bouillon-Flüssigkeit beträufeln. Laubfrösche einmal wenden.

VARIANTEN Fleisch mit Weinbeeren und/oder fein gewürfeltem Knoblauch anreichern.

Schweizer Rapsöl

GESUNDHEIT UND GENUSS AUS EINHEIMISCHEN ÖLQUELLEN

Mit seiner goldenen Farbe und dem feinen, nussartigen Aroma eignet sich das Rapsöl für Salatsaucen, Mayonnaise, Marinaden sowie zum sanften Dünsten und Garen von Gemüse, Fisch und Fleisch. Bei hohen Temperaturen werden die essentiellen Fettsäuren zerstört. Deshalb wird zum Anbraten und Frittieren das HOLLRapsöl (High Oleic Low Linolenic) empfohlen. Es wird aus speziell gezüchteten Rapssorten hergestellt, die sich für die Herstellung von hitzebeständigem Öl eignen. Um den Anbau und die Vermarktung dieser einheimischen Produkte zu optimieren, haben die Vertreter der Raps-Wertschöpfungskette vor kurzem den Verein Schweizer Rapsöl VSR gegründet.
www.raps.ch

Zitronenpoulet mit Kartoffeln

FEDERVIEH À DISCRÉTION

Fettarm, eiweissreich, zart und leicht verdaulich, das liegt ganz auf der Linie der modernen, gesunden Ernährung. Zudem ist es schnell zubereitet und kann à discrétion variiert und kombiniert werden. Wie beliebt Pouletfleisch ist, lässt sich am rasant steigenden Konsum ablesen. Doch bei mehr als der Hälfte des Angebots handelt es sich um billige, in Massentierhaltung produzierte Importware. Wer sicher sein will, dass die Masthühner in ihrem nur wenige Wochen dauernden Leben gut gehalten und nicht mit Antibiotika und Hormonen vollgepumpt werden, achtet beim Einkauf auf hiesige Qualität. Diese ist zwar teurer. Dafür müssen die Schweizer Mastgeflügel-Produzenten die weltweit strengsten Produktionsbedingungen einhalten.

---

1 grosses Poulet – frisch gemahlener Pfeffer – Salz – 20 g weiche Butter – Paprikapulver – wenig heisses Wasser – wenig Honig – 800 g kleine festkochende Kartoffeln – Olivenöl – **Marinade** 2 Zitronen, Saft – 1 Prise Paprikapulver – 1 TL gehackte Rosmarinnadeln

1 Kartoffeln schälen und längs vierteln.

2 Poulet aufschneiden und aufklappen. Innenseite mit einer Gabel einige Male einstechen.

3 Poulet und Kartoffeln in eine Schüssel legen. Mit der Marinade übergiessen. Schüssel mit einer Klarsichtfolie verschliessen. Eine Stunde marinieren.

4 Kartoffeln in den Bräter verteilen, Olivenöl darüberträufeln. Poulet mit Pfeffer und Salz würzen, mit der Hautseite oben auf die Kartoffeln legen. Butter mit Paprika mischen, auf das Poulet verteilen.

5 Bräter in den auf 200 °C vorgeheizten Ofen schieben. Die Bratzeit beträgt je nach Grösse des Poulets 1 bis 1½ Stunden. 15 Minuten vor Ende der Bratzeit das Poulet mit einer Mischung aus heissem Wasser und Honig übergiessen. Im ausgeschalteten Ofen 10 Minuten ruhen lassen.

Poulet

Seit acht Jahrtausenden bereichert Geflügelfleisch den Speisezettel des Menschen. Das in Indien und Südostasien wild vorkommende Bankivahuhn war die Stammmutter aller domestizierten Hühner. Heute gibt es etwa 150 Haushuhnrassen. Doch während früher zu jedem Bauernhof ein Hühnerhaus gehörte, haben sich Eierproduktion und Geflügelmast längst zu spezialisierten Betriebszweigen entwickelt. Die Aufzucht ist wirtschaftlich und effizient organisiert: Beim Schlüpfen wiegt ein Küken etwa 40 Gramm, nach zwei Wochen bringt ein konventionell gemästetes Huhn bereits etwa das Zehnfache auf die Waage. Nach einem Monat hat es das Schlachtgewicht von etwa 1,5 Kilogramm erreicht. Bei Bio-Hühnern dauert es doppelt so lange.
www.kneuss.com

Bündner Cordon bleu

FÜR EINMAL NICHT KALB

Da läuft einem das Wasser im Mund zusammen: Knusprig und goldbraun gebraten liegt es auf dem Teller. Ein Schnitt mit dem Messer und schon quillt der geschmolzene Käse aus dem saftigen, üppig gefüllten Cordon bleu. Gemäss eidgenössischer Lebensmittelverordnung muss Kalbfleisch dafür verwendet werden. Wenn nicht, ist anzugeben, aus welchem Fleisch es besteht. In der privaten Küche kann die klassische Art jedoch nach Lust und Laune variiert werden. Keine Vorschriften gibt es beim Käse. Was nicht fehlen darf bei dieser delikaten, bodenständigen Schweizer Spezialität, sind ein bisschen Fingerspitzengefühl und Geduld beim Anbraten.

2 Rehecke (Bäggli), je 300 g – 40 g feine Bündnerfleischscheiben – 100 g Bündner Bergkäse, in Scheiben – 80 g getrocknete Feigen, fein geschnitten – **Panade** Mehl – 1 Ei, verquirlt – fein geriebene Haselnüsse – Butter oder Bratbutter oder Öl oder Schweinefett, zum Braten

1 Vorsichtig eine Tasche in die Rehbäggli schneiden. Mit Bündnerfleisch auskleiden (es soll das Rehfleisch überlappen), Käse und Feigen einfüllen, mit Bündnerfleisch verschliessen.

2 Cordons bleus zuerst im Mehl und dann im verquirlten Ei wenden, in den Haselnüssen panieren, gut andrücken. 1½ Stunden ruhen lassen (während der Ruhezeit «versiegelt» das Ei die Fleischöffnung und verhindert so, dass der Käse während dem Braten ausläuft).

3 Cordons bleus in der Bratpfanne in der Butter bei mittlerer Hitze beidseitig je 5 Minuten braten.

Bündner Bergkäse

EIN «BLAUES BAND» FÜR HERVORRAGENDE KULINARIK

Es gibt viele Legenden über das Cordon bleu (mehr auf der Internet-Seite von Arnold Wirz; www.ogs-seebach.ch). Das «Blaue Band» gehört zum Orden der Ritter vom Heiligen Geist. Dieser wurde an Leute vergeben, die sich um Frankreich besonders verdient gemacht hatten. Nachdem sogar eine Köchin damit geehrt worden war, brauchte man diesen Begriff auch für ausserordentliche Kochkünste. Kein «cordon bleu», aber eine goldene Auszeichnung hat der Bündner Bergkäse. Er wird in 13 Dorfkäsereien hergestellt, die alle auf über 1000m liegen. Die Milch liefern rund 500 traditionell bewirtschaftete Milchbetriebe aus dem ganzen Kanton Graubünden. Die gehaltvollen Käsespezialitäten mit den Labels «Bio Knospe» und «alpinavera» gibt es in den Versionen würzig und extrareif.
www.buendnerkaese.ch

Aargauer Braten mit Dörrzwetschgen

ZWETSCHGEN UND SCHWEINEFLEISCH: HARMONIE PUR

Ein scharfes, spitzes Messer brauchte es, um die Dörrzwetschgen im Schweinsbraten zu verstecken. Unsere Grossmutter hatte das Rezept für den «Aargauer Braten» in akkurater Schrift in einem Schulheft festgehalten, das mit der Zeit ziemlich abgegriffen aussah. Der Schweinshalsbraten mit Dörrzwetschgen ist ein typisches Aargauer Festgericht. Traditionell wird es mit Kartoffelgratin und Bohnen serviert, alles Produkte aus Stall, Haus- und Baumgarten, die in kleinbäuerlichen Strukturen zur Selbstversorgung gehörten. Dass es im Fricktal eine Genossenschaft geben soll, welche die bescheidenen Anteilscheinszinsen jeweils in Form eines feinen «Aargauer Braten»-Essens auszahlt, verwundert nicht: Die «Jurapark»-Landschaft ist ja nicht nur für ihre Kirschen bekannt, sondern auch für besonders aromatische Zwetschgen.

800–1000g Schweinshals — 100g entsteinte Dörrzwetschgen — 2EL Öl — Salz — frisch gemahlener Pfeffer — Paprikapulver — 2 Karotten — ½ kleiner Knollensellerie — 1 kleine Zwiebel, mit Lorbeerblatt und Gewürznelken besteckt — 1–2dl Weisswein — 2–3dl heisses Wasser — Fleischbouillonpulver

1 Schweinshals mit einem spitzen, scharfen Messer gleichmässig 2 bis 4cm tief einschneiden. Dörrzwetschgen in die Einschnitte drücken. Oder den Braten vom Metzger spicken lassen. Aus Öl, Salz, Pfeffer und Paprika eine Marinade rühren, Schweinshals damit einpinseln. Fleisch mindestens 1 Stunde zugedeckt bei Zimmertemperatur marinieren.

2 Karotten und Sellerie schälen und in Stäbchen schneiden.

3 Schweinshals im Brattopf anbraten, Gemüse und besteckte Zwiebel zugeben und andünsten, mit Weisswein ablöschen und ein wenig einkochen lassen. Wasser zugeben, aufkochen, mit Fleischbouillonpulver, Salz und Pfeffer nachwürzen, bei schwacher Hitze 1½ Stunden schmoren lassen. Braten von Zeit zu Zeit wenden und mit der Sauce übergiessen. Schweinshals 10 Minuten auf der ausgeschalteten Herdplatte zugedeckt ruhen lassen.

4 Schweinshals in Scheiben schneiden, mit dem Gemüse und wenig Sauce anrichten.

TIPP Gut zum Braten passen ein Kartoffelgratin und gedünstete grüne Bohnen.

Bio-Fleisch

VERTRAUENSWÜRDIGE LEBENSMITTEL

Wenn schon Fleisch, dann wollen immer mehr Konsumenten wissen, ob die Tiere ein gutes Leben hatten, bevor sie auf der Schlachtbank endeten. Fidelio – der Name für Bio-Fleisch wurde mit Bedacht gewählt. Frei übersetzt bedeutet es «zuverlässig», «vertrauenswürdig». Die Organisation Fidelio ist eine zuverlässige Partnerin beim Aufbau von Vermarktungsstrukturen für das Schlachtvieh, das aus kontrollierten Bio-Betrieben mit Freilandtierhaltung stammt. Das «fidelio»-Label ist Garant, dass die Aspekte des biologischen Landbaus und der am strengsten kontrollierten, artgerechten Tierhaltung in der Schweiz eingehalten werden: Der Weg vom Bauernhof über den Schlachthof bis zum dressierten Fleischstück in der «fidelio»-Metzgerei ist reglementiert und kontrolliert.

www.fidelio.ch

Appenzeller Gitzi im Bierteig

HERBSTGITZI SIND BESSER

Ziegen galten lange als «Kuh des armen Mannes». Der Doppelnutzen von Milch und Fleisch half vielen Kleinbauernfamilien über die Runden. Heute wird «Gitzifleisch» als Spezialität gehandelt und Gastronomen haben überlieferte Rezepte neu entdeckt. Es gibt nämlich nicht nur den traditionellen «Ostergitzibraten», bei dem wenig Fleisch am Knochen ist. Richtig verarbeitet, schmeckt auch das Fleisch von älteren Tieren. Wichtig ist, dass alles Fett weggeschnitten wird, das für den als «böckele» bezeichneten Geschmack verantwortlich ist. Anders als die Frühlingsgitzi, die ausschliesslich Milch erhalten, werden die im Herbst gemetzgeten Geissen auf kräuterreichen Weiden gehalten. Kenner schätzen den aromatischen Geschmack des roten, fettarmen und feinfaserigen Fleisches mit der feinen Wild-Note.

---

1 kg Gitzifleisch, Ragout – 1 Karotte, gewürfelt – wenig Knollensellerie, gewürfelt – wenig Lauch – 1 Zwiebel, gewürfelt – 1½ l Gemüsebouillon – ½ dl Weisswein – 1 Kräutersträusschen: Thymian, Rosmarin, Majoran – 2 Lorbeerblätter – **Bierteig** 120 g Weissmehl – 1 dl Bier – 2 Eigelbe – Salz – frisch gemahlener Pfeffer – Muskatnuss – 2 Eiweiss – Mehl, zum Bestäuben – Öl, zum Frittieren

1. In einem grossen Kochtopf reichlich Wasser erhitzen, Ragout zugeben und blanchieren. Abgiessen. Alle Zutaten in den Kochtopf geben, aufkochen, Fleisch bei schwacher Hitze garen. In der Bouillon erkalten lassen.
2. Mehl, Bier und Eigelbe zu einem Teig rühren, würzen. Teig tüchtig klopfen, bis er Blasen wirft. Eiweiss steif schlagen und unterziehen.
3. Fleischwürfel aus dem Sud nehmen und mit Küchenpapier trocknen, mit Mehl bestäuben und im Bierteig wenden. Im heissen Öl goldgelb backen.

Ziegenfleisch

Geissen gehören zu den ältesten domestizierten Tieren. In Hügel- und Berggebieten werden sie heute oft als «Landschaftsgärtner» eingesetzt. Gut ein Drittel der zehn anerkannten Schweizer Rassen sind in den Herdenbüchern des Schweizerischen Ziegenzuchtverbands (SZZV) und der ProSpecieRara eingetragen. Appenzellerziegen, Bündner Strahlenziegen, Capra Grigia, Nera-Verzasca-Ziegen, Pfauenziegen, Schwarz- und Kupferhalsziegen gelten als gefährdet. Im «Kulinarischen Erbe der Schweiz» sind drei regionaltypische Produkte aufgeführt: die Tessiner Spezialitäten Violino di capra (getrockneter Schlegel) und Cicitt (Wurst aus Ziegenfleisch) sowie die Urner Hauswurst (Rohwurst aus Kuh-, Schweine-, Ziegen- und/oder Hirschfleisch).
www.schweizer-gitzi.ch

Kaninchenfilet mit Feld-Wald-Ragout

DIE WERTSCHÄTZUNG KOMMT ERST SPÄT

Die Kaninchenzucht war Schwiegervaters grösster Stolz. Die Kaninchen wurden meistens im Herbst oder im Frühling geschlachtet. Die Schwiegermutter verstand es, dieses Fleisch auf besonders leckere Art zu schmoren. Neben viel Gemüse aus dem Hausgarten gehörte auch immer eine Portion selbstgesuchte frische oder getrocknete Waldpilze dazu. Was für mich als Festessen galt, war für meinen Göttergatten ein «Gschluder». Das änderte sich erst, als ihm – der Schwiegervater war längst gestorben – ein Kaninchenzüchter einen gefüllten «Chöngubraten» anbot. Das sei ein Festessen, sagte er. Seither gehört er zu den Kaninchenbraten-Stammkunden.

250 g Zwetschgen – 1½ EL Zucker – 2 EL Apfelessig – 1 dl vergorener Süssmost – 1 Msp Zimtpulver – 1 Prise Nelkenpulver – 25 g kalte Butterstückchen – Salz – frisch gemahlener Pfeffer – 10 g Bratbutter – 100 g Eierschwämmchen – 400 g Kaninchenfilets – 1 Bund Schnittlauch, für die Garnitur

1 Zwetschgen halbieren und entsteinen, Stielansatz keilförmig herausschneiden.
2 Zucker in einem Kochtopf karamellisieren, mit Essig und vergorenem Süssmost ablöschen, köcheln lassen, bis sich der Karamell aufgelöst hat. Mit Zimt- und Nelkenpulver würzen. Zwetschgen zugeben, bei schwacher Hitze ein paar Minuten köcheln lassen. Zwetschgen mit einem Schaumlöffel herausnehmen.
3 Karamellsauce auf 2 EL einköcheln lassen, nach und nach Butterstückchen unterrühren, mit Salz und Pfeffer abschmecken. Zwetschgen zugeben.
4 Bratbutter in der Bratpfanne erhitzen, Pilze zugeben und kräftig anbraten, zu den Zwetschgen geben.
5 Kaninchenfilets mit Salz und Pfeffer würzen, in der Pilzpfanne 5 Minuten braten.
6 Kaninchenfilets aufschneiden/portionieren, auf vorgewärmten Tellern anrichten, mit Zwetschgen-Pilz-Ragout und der Sauce umgeben, fein geschnittenen Schnittlauch darüberstreuen.
TIPP Mit Nudeln servieren.

Kaninchenfleisch

HASE ODER DOCH KANINCHEN?

Kaninchenfleisch ist bei Kennern beliebt, denn es ist fettarm und enthält wenig Cholesterin. Allerdings wird nur ein Drittel des Verbrauchs (1900 Tonnen/Jahr) in der Schweiz produziert. Der grösste Teil wird aus Ungarn, China, Frankreich und Italien importiert, wobei dieses Fleisch meistens aus tierverachtender Käfighaltung stammt. Ganz anders das Kaninchenfleisch vom Schulerhof im luzernischen Rottal: Hier werden die Mastkaninchen in Gruppen von 30 bis 40 Tieren in grossen, artgerechten Buchten gehalten. Die Stallungen erfüllen die IPS- und BTS-Anforderungen, die für besonders tierfreundliche Stallhaltung gelten. Die Kaninchen werden nach rund drei Monaten geschlachtet. Ein nach Wunsch zusammengestelltes Sortiment wird auf Vorbestellung vakuumverpackt und tiefgefroren geliefert.
www.schulerhof.ch

Rindschmorbraten

BRATEN MIT ABSOLUTER GELING-GARANTIE

Mit einem Schmorbraten kann eigentlich nichts schiefgehen. Deshalb gehört er zu den «pièces de résistance» in meiner Küche. Das Fleisch wird am Morgen im Gusseisentopf angebraten, mit Flüssigkeit abgelöscht, Zugemüse dazu – und ab in den Backofen. Da schmort das Gericht nun bei kleinster Hitze bis zum Mittagessen. Wichtig ist für mich die vertrauenswürdige Herkunft des Fleisches. Am besten fährt, wer die Produkte direkt beim Bauern einkauft. Die persönliche Wertschätzung ist ein grosses Anliegen von Markus und Regula Hauenstein-Hess vom Loohof in Endingen. Zu den wichtigsten Standbeinen ihres Landwirtschaftsbetriebs gehört die umweltfreundliche und tiergerechte Fleischproduktion. Natura-Beef, SwissPrimBeef aus Mutterkuhhaltung sowie Schweine-, Truten- und Gänsefleisch können online bestellt werden.
www.loohof.com

---

2 EL Senf − 1 TL grob gemahlener Pfeffer − 1 Msp Salz − 2 EL Cognac − 2 EL Öl − 1 kg Natura-Beef von der Schulter − 1 Bouquet garni: 2 kleine Karotten, 1 kleiner Lauch, wenig Knollensellerie − 1 EL Tomatenpüree − 3 dl Rotwein − 2 dl Fleischbouillon − 2 Gewürznelken − 1 Lorbeerblatt − Salz − frisch gemahlener Pfeffer − Thymian − Paprika − 30 g Butter

1 Für die Marinade Senf, Pfeffer, Salz, Cognac und Öl verrühren. Rindsbraten einstreichen. In Alufolie einwickeln und über Nacht im Kühlschrank marinieren.

2 Backofen auf 180 °C vorheizen.

3 Für das Bouquet garni Karotten und Knollensellerie schälen und in Stücke schneiden. Grobfasrige Teile beim Lauch entfernen, in Stücke schneiden.

4 Rindsbraten im Bräter im heissen Öl rundum kräftig anbraten, Bouquet garni und Tomatenpüree zugeben und kurz mitdünsten, mit Rotwein ablöschen, bei schwacher Hitze auf die Hälfte einkochen lassen. Fleischbouillon, Nelken und Lorbeerblatt zugeben. Würzen.

5 Bräter zugedeckt in den Ofen schieben und den Rindsbraten bei 180 °C 1½ bis 2 Stunden schmoren, öfter wenden. Schmorbraten warm stellen.

6 Sauce in ein Pfännchen passieren und auf die gewünschte Konsistenz einkochen lassen. Mit Butter aufmixen.

7 Braten aufschneiden, auf vorgewärmten Tellern anrichten, mit der Sauce begiessen.

TIPP Mit Kartoffelstock oder Nudeln servieren.

Wein

EINE HARMONISCHE PAARUNG

Die Sauce ist's, die dem Schmorbraten höhere Weihen beschert. «Schmorbraten ohne Sauce wäre ein Verbrechen gegen die Kochkunst», schreibt Hervé This-Benckhard in seinem Buch «Rätsel der Kochkunst». Neben Gemüse, Kräutern und Gewürzen ist der Wein ein wichtiger Bestandteil der guten Schmorbratensauce. Mit einem kraftvollen, tanninreichen Wein vermählen sich der süsse Geschmack, der vom langen Schmoren kommt, und die leichte Röstnote der Rindsbrühe aufs Schönste. Dabei darf man mit Freude zu einheimischen Gewächsen greifen, wie sie in den Rebbergen in Villnachern und Remigen gedeihen. Diese werden von Weinbau Hartmann AG umweltschonend gepflegt und nach den strengen Richtlinien von Vinatura zu hochstehenden Rebensäften ausgebaut.
www.weinbau-hartmann.ch

Bolognese mit Baumnüssen

KRAFTSPENDER FÜR KOPF UND KÖRPER

Punkto Küchenexperimenten ist sich mein Mann allerhand gewöhnt. Als das «Gehackte mit Baumnüssen» zum ersten Mal auf den Tisch kam, verzog er die Miene. Möglicherweise war die Baumnussmenge etwas grösser, als im Rezept angegeben, und vielleicht wurde sie etwas zu lange mitgekocht. Und statt mit weissem wurde die Bolognese mit rotem Wein abgelöscht. Jedenfalls hatte sie eine bräunliche Farbe. «Hat's da Blutwurst drin?», fragte er und vertilgte eine grosse Portion, bevor er des Rätsels Lösung erfuhr. Nüsse haben einen extrem hohen Eiweissgehalt: Sie enthalten zwischen 15 und 20 Prozent Eiweiss, Roastbeef dagegen knapp 10 Prozent. Der Fettgehalt von 50 bis 65 Prozent besteht vor allem aus ungesättigten, herz- und kreislauffreundlichen Fettsäuren. Kein Wunder, ziehen Vegetarier Nüsse dem leicht verderblichen Fleisch vor.

3 EL Olivenöl – 1 kleine Zwiebel, klein gewürfelt – 1 Bund Petersilie, Blättchen abgezupft und fein gehackt – 400 g gehacktes Rindfleisch oder halb Rind- / halb Schweinefleisch – 1½ dl Weisswein – 1½ dl Fleisch- oder Gemüsebouillon – 100 g Tomatenmark – 100 g gehackte Baumnüsse – Kräutersalz – frisch gemahlener Pfeffer

Zwiebeln und Petersilie im Olivenöl andünsten, Hackfleisch zugeben, anbraten, mit Weisswein und Fleischbouillon ablöschen, Tomatenmark unterrühren, etwa 30 Minuten köcheln lassen, je nach Konsistenz mit Bouillon verdünnen. Baumnüsse unterrühren, mit Kräutersalz und Pfeffer abschmecken.
TIPP Mit Kartoffelstock servieren.

Baumnuss

EINE KERNIGE ANGELEGENHEIT

Anfangs lachten wir den Aushilfslehrer aus. Doch dann waren wir begeistert: Botanik lernten wir auf der Wiese; gerechnet wurde mit Baumnüssen. Er liebte Nussbäume und forderte, dass mehr davon angepflanzt weden, weil sie wertvolle Hirnnahrung sind. Auch Veiko Hellwig weiss um den Wert der Nüsse. Der gelernte Koch aus Gottlieben/TG hat sich mit seinem Unternehmen auf die Entwicklung und Produktion von Spezialitäten aus Nüssen und Wildfrüchten konzentriert. Mit einer interessanten Kombination aus Öl, Salz und Gewürzen hat er neue, interessante Verwendungsmöglichkeiten für Schweizer Baumnüsse gefunden. Die Zutaten für seine kulinarischen Kreationen, vom Baumnuss-Senf über Salznüsse bis Baumnuss-Tagliatelle, bezieht er aus nachhaltigem Anbau aus der Bodensee-Region.
www.baum-nuss.ch

Gämspfeffer

EINHEIMISCHES WILD…

Die Schweizer Jagd kann die Nachfrage nach Wild nur zu einem Viertel decken. Der Rest wird importiert. Wer Wild mag, muss seiner Leidenschaft in einem guten Restaurant frönen oder einen Jäger oder eine Jägerin zu seinen Freunden zählen. Schwierig wird es, wenn man Wert auf Steinwild legt: Gewähr für einheimisches Wild bietet die Metzgerei Curschellas SA in Sedrun. Gegen 200 Wildtiere werden hier jedes Jahr fachgerecht zerlegt. Die in vierter Generation geführte Metzgerei bietet nicht nur Frischfleisch, Bündner Trockenwurst- und Trockenfleischspezialitäten an, sondern auch hausgemachte, vorgekochte Produkte, die nur noch aufgewärmt werden müssen. Dazu gehören die feinen Hirsch-, Reh- und Gämspfeffer, die während der Saison online bestellt werden können.
www.sedruner-fleisch.ch

2 kg Gämsfleisch, Ragoutstücke – wenig Knollensellerie, geschält, zerkleinert – 1 Karotte, geschält, zerkleinert – 1 Zwiebel, halbiert, mit Lorbeerblatt und Nelken besteckt – 6 Wacholderbeeren – 1 l kräftiger Rotwein – ½ dl Rotweinessig – 50 g Bratbutter – Salz – frisch gemahlener Pfeffer – Thymian und Majoran – 2 EL Mehl – 1 Prise Zucker

1 Fleisch, Gemüse, Zwiebel, Wacholderbeeren, Rotwein und Rotweinessig in eine grosse Schüssel geben, 3 bis 5 Tage zugedeckt beizen.
2 Fleisch aus der Beize nehmen und mit Küchenpapier trocknen.
3 Bratbutter in einem grossen Topf erhitzen, Fleisch darin kräftig anbraten. Beize zugeben, aufkochen. Das Fleisch soll mit der Flüssigkeit bedeckt sein, eventuell noch mehr Rotwein zugeben. Mit Salz, Pfeffer, Thymian und Majoran würzen. Mehl in einer Gusseisenpfanne trocken rösten, zum Fleisch geben. Zugedeckt 1½ bis 2 Stunden schmoren lassen. Fleisch aus der Sauce nehmen und warm stellen. Sauce durch ein Spitzsieb passieren, Zucker zugeben, eventuell nachwürzen, Sauce wieder zum Fleisch geben.

Blauburgunder

... UND DER BESTE «KOCH»-WEIN

Zu einem Wildpfeffer passt ein guter Tropfen Wein. Zum Beispiel ein wunderbarer Blauburgunder aus der Bündner Herrschaft. Die zum Scadenagut in Malans gehörenden Reben gedeihen auf den kalkreichen Schieferböden des Rhätikon-Massivs. Sie werden von Winzermeister Peter Wegelin im hofeigenen Weinkeller zu sortentypischen, charaktervollen Weinen ausgebaut, die die Fachwelt immer wieder begeistern. Die Empfehlung von Spitzenköchen, den gleichen Wein zum Kochen zu nehmen, der später zum Essen kredenzt wird, gilt wohl auch für die Wildbeize. Beim Reduzieren der Sauce werden die Wein- und Gewürzaromen verstärkt und geben dem Gericht eine spezielle Note.

www.malanser-weine.ch

Pouletbrüstchen Zürcher Art

ZARTES FLEISCH FÜR KLEINES BUDGET

Die Schweizer mögen Pouletfleisch lieber als Rindfleisch. Kein Wunder: Es ist günstig und schmeckt Kindern und Erwachsenen auf vielerlei Arten. Doch der delikate Eiweisslieferant sorgt auch für Negativschlagzeilen. Weil es sich um leichtverderbliche Ware handelt, sind Hygiene und Kühlhaltung bei der Verarbeitung besonders wichtig. Trotzdem zeigen Labortests immer wieder, dass vor allem importiertes Hühnerfleisch mit gesundheitsschädigenden Keimen kontaminiert ist. Das ist bedenklich, denn als Konsument kann man das nicht kontrollieren. Es lohnt sich darauf zu achten, woher das Federvieh kommt. Dann weiss man auch, wie es gehalten wird. Auf dem sicheren Weg ist, wer einheimische Bio- oder IP-Qualität wählt.

---

30 g Bratbutter – 4 Pouletbrüstchen mit Haut – Salz – frisch gemahlener Pfeffer – Paprika – 50 g Schalotten, fein gewürfelt – 100 g Champignons, in Scheiben – 1 Apfel, geschält, geviertelt, entkernt, in Scheiben – 1 ½ dl vergorener Süssmost – 1 dl brauner Kalbsfond – 1 dl Rahm – Zitronensaft

1 Pouletbrüstchen mit Salz, Pfeffer und Paprika würzen, in der heissen Bratbutter goldgelb anbraten, warm stellen.

2 Schalotten, Champignons und Äpfel in der Pouletpfanne andünsten, mit vergorenem Süssmost ablöschen, einkochen lassen, Kalbsfond zugeben und einkochen lassen, Rahm zugeben. Pouletbrüstchen in der Sauce zugedeckt 5 bis 10 Minuten ziehen lassen, herausnehmen und warm stellen.

3 Sauce mit einigen Tropfen Zitronensaft abrunden, auf vorgewärmte Teller verteilen. Pouletbrüstchen portionieren und darauf anrichten.

Poulet ist nicht gleich Poulet

Kneuss Geflügel AG produziert seit 60 Jahren Schweizer Güggeli von höchster Qualität für Gastronomie und Privathaushalte. Neben pfannenfertigen Poulets, Pouletschnitzeln, -schenkeln und -flügeli überrascht die innovative Firma immer wieder mit Neukreationen. Werden Masthühner der konventionellen Labels meist in festen Ställen mit mehreren tausend Tieren gehalten, erlauben die Knospe-Richtlinien eine maximale Herdengrösse von 500 Tieren, die in mobilen Ställen gehalten werden. Für die Bio-Haltung werden extensive Zuchtlinien verwendet. Bis sie das Schlachtgewicht erreicht haben, werden sie unter artgerechten Bedingungen mindestens 63 Tage gefüttert.
www.kneuss.com

Chügelipastetli

EIN PRUNKSTÜCK AUF DEM TELLER

Die Chügelipastete gehört zu Luzern wie das «Gschnätzlete» zu Zürich. Sie ist ein Traditionsessen, dessen Wurzeln bis ins 18. Jahrhundert zurückreichen. Die original Luzerner Chügelipastete ist so gross, dass davon sechs bis acht Personen satt werden. Das hübsch verzierte, goldbraun gebackene «Haus» aus Blätterteig ist ein Kunstwerk – fast zu schade zum Aufessen. Die klassische Füllung besteht aus Brät vom Kalb und Schwein, das zu Chügeli geformt wird. In die Füllung gehören auch in Würfelchen geschnittenes Kalbfleisch, Pilze und in Hochprozentigem marinierte Weinbeeren. Die Herstellung des «Pastetenhauses» ist recht anspruchsvoll, doch die Chügelifüllung schmeckt auch in kleineren, fertig gekauften Pastetli.

---

8 Blätterteigpastetli – **Weisse Sauce** 60 g Butter – 60 g Zwiebeln, klein gewürfelt – 1 Knoblauchzehe, klein gewürfelt – 2 EL gehackte Petersilie – ½ Bio-Zitrone, abgeriebene Schale – 40 g Weissmehl – 2 dl Weisswein – 3 dl Gemüsebouillon – Salz – frisch gemahlener Pfeffer – **Brätchügeli** je 100 g Kalbs- und Schweinsbrät – 1 Msp Majoranpulver – 3 dl Gemüsebouillon – 50 g Butter – je 200 g Schweins- und Kalbfleisch, klein gewürfelt – 50 g Zwiebeln, klein gewürfelt – 1 dl Weisswein – 100 g Champignons, in feinen Scheiben – Salz – frisch gemahlener Pfeffer – Muskatnuss – 2 dl Rahm

1 Für die weisse Sauce Zwiebeln, Knoblauch, Petersilie und Zitronenschale in der Butter andünsten, Mehl darüberstäuben und mitdünsten, mit Weisswein und Gemüsebouillon ablöschen, 10 Minuten köcheln lassen, mit Salz und Pfeffer abschmecken.

2 Für die Brätchügeli das Brät mit Majoran würzen, Kügelchen formen, in der Gemüsebouillon 10 Minuten ziehen lassen, mit dem Schaumlöffel herausnehmen. Fleischwürfelchen in der Butter anbraten, Zwiebeln mitdünsten, mit Weisswein ablöschen, 10 Minuten köcheln lassen. Champignons zugeben, würzen, Rahm beifügen, etwa 30 Minuten köcheln lassen. Brätchügeli und Sauce zugeben, erhitzen.

3 Pastetchen bei 160 °C erwärmen.

4 Füllung in die Pastetchen füllen.

Pastetchen

VOM FRANZÖSISCHEN HOF ABGEKUPFERT

Der erste schriftliche Hinweis auf diese Spezialität stammt aus dem 18. Jahrhundert. Vermutlich wurde das Rezept nicht am «heimischen Herd» kreiert, sondern von Luzerner Offizieren mitgebracht, die in französischen Diensten standen. Heute sind nicht nur die «Chügeli» fixfertig zu kaufen, sondern auch Blätterteigpastetli in kleinerer Form. Übrigens bäckt die Emmentaler Backwaren Freudiger AG als einzige Schweizer Firma noch Pastetli aus besten, natürlichen Rohstoffen, und nicht nur in der klassischen runden, sondern auch in Herz- und Sternform.
www.emmentaler-backwaren.ch

Filet im Teig

EIN HERZOGLICHES MAHL

Das Filet im Teig gehört zu den kulinarischen Weihnachtsklassikern in der Schweiz. Ein Festessen, das es in sich hat: Das Filet wird mit einer aromatischen Farce bestrichen. Das Ganze wird in Blätterteig eingewickelt und knusprig gebacken. Für das Filet Wellington darf ausschliesslich Rindsfilet verwendet werden. Bei anderen Rezepten werden die Zutaten je nach Budget und Zeitaufwand variiert und das Filet kann vom Kalb, vom Schwein oder vom Rind stammen. Die Zubereitung ist zwar aufwändig, aber man kann sie schon am Vortag erledigen. Von einem versierten Küchenchef stammt der Rat, die Teigfläche, auf die das Filet gelegt wird, mit Paniermehl zu bestreuen. Dieses saugt allfällig austretende Flüssigkeit auf und sorgt dafür, dass die Teighülle nicht matschig wird.

---

2 EL Bratbutter oder Öl – 800 g Kalbs-, Rinds- oder Schweinsfilet – Salz – frisch gemahlener Pfeffer – 1 kleine Zwiebel, klein gewürfelt – 250 g Champignons, in Scheiben – 3 EL Cognac oder Madeira oder Sherry – 4–5 Petersilienzweiglein, Blättchen abgezupft und gehackt – 100 g Schinken, klein gewürfelt – 300 g Kalbsbrät – 750 g Blätterteig – 150 g Bratspeckscheiben – 1 Ei, getrennt

1 Filet in einer Bratpfanne in der heissen Bratbutter anbraten, mit Salz und Pfeffer würzen. Aus der Pfanne nehmen.

2 Zwiebeln in der Bratpfanne andünsten, Pilze mitdünsten, mit Cognac ablöschen, köcheln lassen, bis der Saft eingekocht ist. Abkühlen lassen. Petersilie, Schinken und Brät unter die Pilze mischen.

3 Blätterteig rechteckig und gross genug ausrollen, dass das Filet eingepackt werden kann. Speckscheiben quer und überlappend auf den Teig legen. Ein Drittel der Brätmasse in Längsrichtung auf dem Speck verteilen. Filet darauflegen, mit restlichem Brät zudecken. Teigränder mit verquirltem Eiweiss bestreichen, Schmalseiten über das Filet legen, Filet längs einwickeln. Mit dem Teigende unten auf ein mit Backpapier belegtes Blech legen. Aus den Teigresten Sterne und Herzen ausstechen oder Streifen schneiden, Filet damit verzieren. Mit Eigelb bestreichen. Teig mit der Gabel ein paar Mal einstechen.

4 Filet auf der untersten Schiene in den auf 200 °C vorgeheizten Ofen schieben und 30 bis 40 Minuten backen. Im ausgeschalteten Ofen bei geöffneter Türe 10 Minuten ruhen lassen.

5 Filet in 2 bis 3 cm dicke Scheiben schneiden. Auf vorgewärmten Tellern anrichten.

Angusrinder

FLEISCH VON GLÜCKLICHEN RINDERN

Das Filet Wellington wurde nach Arthur Wellesley, dem ersten Herzog von Wellington, benannt. Dieser besiegte 1815 den Franzosenkaiser Napoleon I. in der Schlacht bei Waterloo. Der Herzog war englisch-irischer Abstammung. Der Stammbaum der Angusrinder hat seine Wurzeln in Schottland. Die von Natur aus hornlose, extensive Fleischrasse, die auf dem Wendelinhof in Niederwil/AG gehalten wird, wurde vor gut hundert Jahren erstmals gezüchtet. Die Angus-Mutterkuhherde passt gut zum Wendelinhof, der seit über zwanzig Jahren nach Bio-Suisse- und KAG-Freiland-Kriterien bewirtschaftet wird. Geflügelmast und Ackerbau ergänzen den geschlossenen Kreislauf. Während der Vegetationszeit sind die Rinder permanent auf der Weide. Die heissen Sommermonate verbringen sie auf einer Alp im Glarnerland.
www.wendelinhof.ch

Ossobucco in Merlot

«KNOCHEN MIT LOCH»

Natürlich gab es am Familientisch immer Diskussionen, wer das «Loch im Knochen» ausschlürfen dürfe. Haxen, ob vom Kalb oder vom Rind, gehören zu den günstigsten Fleischstücken. Richtig zubereitet, begeistern die «Beinscheiben» sogar Feinschmecker. «Ossobucco» heisst das Gericht bei den Italienern. «Alla milanese» gilt als die klassische Zubereitungsart. Unterdessen gibt es unzählige Variationen, die jedoch nur in kleinen Details voneinander abweichen. Weil die Südschweiz lange zum Herzogtum Mailand gehörte, hat sich selbstverständlich auch eine Tessiner Version eingebürgert. Der grösste Unterschied ist, dass manche Rezepte weissen Wein zum Schmoren empfehlen. Das Tessiner Rezept schreibt Rotwein vor, da südlich des Gotthards vor allem Merlot angebaut wird.

2 EL Öl – 4 Kalbshaxen – 1 grosse Zwiebel, grob gewürfelt – 4 mittelgrosse Karotten – 4 Spross Stangensellerie – Salz – frisch gemahlener Pfeffer – Rotwein – 500 g Tomaten aus Dose oder Glas – 1 Bio-Zitrone, wenig abgeriebene Schale

1 Karotten schälen und in 5 bis 8 cm lange Stäbchen schneiden. Stangensellerie in 5 bis 8 cm lange Stücke schneiden.

2 Kalbshaxen in einem Brat-/Schmortopf im Öl rundum kräftig anbraten, Zwiebeln, Karotten und Stangensellerie zugeben und mitdünsten, mit Salz und Pfeffer würzen, wenig Rotwein zugeben, Kalbshaxen bei schwacher Hitze 15 bis 20 Minuten schmoren. Stielansatz bei den Pelati entfernen, Tomaten grob zerkleinern, in den Topf geben, weitere 25 Minuten schmoren, mit Zitronenschale abschmecken, weitere 60 Minuten schmoren. Wichtig: Die Kalbshaxen bei kleinster Hitze schmoren.

TIPP Mit Polenta servieren. Dazu 1 Liter Salzwasser aufkochen. 250 g Maisgriess einrieseln lassen, Polenta bei schwacher Hitze unter häufigem Rühren 60 bis 75 Minuten köcheln lassen. Mit Butter abschmecken.

Merlot

HOCHKARÄTIGE MERLOT-WEINE

Die im Tessin produzierten Weine brauchen den Vergleich mit der ausländischen Konkurrenz nicht zu scheuen. Nachdem Reblaus und Mehltau viele Reben vernichtet hatten, begann man um 1900 die resistente, aus dem Bordeaux stammende Sorte Merlot anzubauen. Diese macht noch heute weit über achtzig Prozent des Bestands aus. Der Qualitätswein, der daraus hergestellt wird, trägt die Bezeichnung «Appellation Ticino D.O.C. Merlot». Zu den Spezialisten in Sachen Merlot gehört der 1983 gegründete Weinbaubetrieb Delea in Losone. Zu den Perlen im Sortiment zählen die edlen, aus den aromenreichen Trauben alter Merlot-Weinstöcke gekelterten Carati-Jahrgänge. Diese Trauben gedeihen vor allem an privilegierten Nord- und Südlagen des Monte Ceneri und werden in der modernen Kellerei sorgfältig in Eichenfässern ausgebaut.
www.delea.ch

Freiburger Lammragout

KÜCHENZAUBER MIT GÜNSTIGEN TEILEN VOM LAMM

Mit Schaffleisch könne sie nichts anfangen, behauptete meine Schwiegermutter. Als sie einmal zum «Sonntagsbraten» eingeladen war, rühmte sie das Fleisch in allen Tönen. Dass es vom Lamm war, hat sie erst später erfahren. Gigot und Nierstück gehören zu den besten Stücken und sind fast in jeder Metzgerei und beim Grossverteiler im Angebot. Das Vorurteil, es «böckele», trifft heute bei richtiger Tierhaltung kaum mehr zu. Schade, dass die minderen Stücke bei uns gering geschätzt werden. Aus diesen lassen sich günstige, bodenständige Ragout-Gerichte zaubern. Sollte das Schaffleisch trotzdem einmal etwas streng riechen, lässt sich der Geschmack mit Zwiebel oder Ingwer neutralisieren.

2 EL Öl – 1½ kg Lammragout – 1 besteckte Zwiebel – 1 Bouquet garni: 2 kleine Karotten, 1 kleiner Lauch, ¼ Knollensellerie – 2 Knoblauchzehen – Salz – frisch gemahlener Pfeffer – 1 EL Mehl – ½ l kräftiger Rotwein – evtl. Gemüsebouillon – 120 g getrocknete Weinbeeren

Lammragout im Öl anbraten, besteckte Zwiebel, Bouquet garni und Knoblauchzehen mitdünsten, mit Salz und Pfeffer würzen, mit Mehl bestäuben, mit Rotwein ablöschen. Bei schwacher Hitze 1 Stunde schmoren lassen. Je nach Flüssigkeitsstand wenig Gemüsebouillon zugeben. Weinbeeren unterrühren, Ragout weitere 30 Minuten schmoren lassen. Mit Salz und Pfeffer abschmecken.

Genügsames Schaf

Die kleinen Wiederkäuer sind willkommene Landschaftspfleger. Sie finden ihr Futter auf Wiesen, Weiden, hoch gelegenen Alpen und steilen Abhängen, also meist da, wo man das Rindvieh nicht weiden lässt. Schafe stellen kaum Anspruch an das Futter und trotzen jedem Wetter, im Sommer und im Winter.
Schafe werden primär für die Fleischproduktion gehalten. Schaf- oder Lammfleisch? Im Handel wird man primär Lammfleisch finden. Grundsätzlich hängt die Bezeichnung vom Alter des Tieres ab. Lammfleisch stammt von mindestens 4 Monate alten Tieren. Je nach Haltung und Rasse kann Lammfleisch auch von einjährigen Tieren stammen. Schaffleisch stammt in jedem Fall von älteren Tieren.

Hühnerhackbraten

GUTES VOM BESCHEIDENSTEN ALLER TIERE

Im «Buch von der guten Speise» (ca. 1350) findet sich das Rezept für einen Hackbraten aus Hühner- und Schweinefleisch, der mit Ingwer, Salz, Pfeffer, Wein und Honig gewürzt wurde. Ob das Fleisch zäh war, spielte bis vor wenigen Jahrzehnten keine Rolle: Hühner wurden gehalten, bis sie keine Eier mehr legten, und ihr Fleisch dann so lange gekocht, bis es gar war. Hühnerbouillon machte Könige und Bettler glücklich und als Heilmittel soll sie Todkranke wieder auf die Beine gebracht haben. Kein Wunder: Fleisch von Hühnern, jedenfalls von solchen, die noch Gras picken durften, enthält hochwertiges Eiweiss und viele Mineralstoffe. Der Theologe und Publizist Al Imfeld empfiehlt, Kohl in der Hühnerbrühe mitzukochen, um die heilenden Kräfte des Pflanzenreichs mit dem «bescheidensten aller Tiere» zu verbinden.

700 g rohes Suppenhuhnfleisch – 2 EL Bratbutter – 1 mittelgrosse Zwiebel, klein gewürfelt – 1 Knoblauchzehe, klein gewürfelt – 30 g getrocknete Tomaten, klein gewürfelt – 2 Scheiben Weissbrot ohne Rinde, in Wasser eingeweicht – je 3 Majoran- und Thymianzweiglein, Blättchen abgezupft und fein gehackt – 4 Wacholderbeeren, fein zerstossen – 1 Ei – 1 dl Rahm – Salz – frisch gemahlener Pfeffer – 100 g Röstgemüse: Zwiebel, Karotte, Knollensellerie, geschält, gewürfelt – 2 dl brauner Kalbsfond

1 Fleisch durch den Fleischwolf stossen.
2 Zwiebeln und Knoblauch in der Butter andünsten, Tomaten zugeben und kurz mitdünsten, unter das Hackfleisch mischen. Weissbrot gut ausdrücken und zerpflücken, unter das Hackfleisch mischen. Kräuter, Gewürze, Ei sowie Rahm zugeben, gut kneten, abschmecken mit Salz und Pfeffer. Einen länglichen Laib formen. Auf ein eingefettetes Blech legen.
3 Hackbraten in der Mitte in den auf 200 °C vorgeheizten Ofen schieben, etwa 10 Minuten braten, bis er eine Kruste hat, Temperatur stufenweise auf 180 bis 160 °C zurückschalten, gleichzeitig Röstgemüse zugeben (es gibt der Sauce mehr Aroma). Nach 50 Minuten ist der Hackbraten gar, herausnehmen und auf ein Gitter mit Blech-Untersatz legen, bei 60 °C warm stellen. Hackbraten vor dem Aufschneiden mindestens 10 Minuten ruhen lassen.
4 Das im Blech aufgefangene Fett und den Kalbsfond aufkochen, durch ein Tuch oder ein feines Haarsieb passieren, Sauce auf die gewünschte Konsistenz einkochen lassen, eventuell Kalbsfond nachgiessen, abschmecken.

TIPP Hackbraten mit Kartoffelstock servieren.

Hühnerfleisch

VOM «ABFALLHUHN» ZUR DELIKATESSE

Das Huhn gehört zu den «industrialisiertesten» Tieren der Welt. Allein in der Schweiz werden jährlich 1,7 Millionen Legehennen ausrangiert, weil deren Legeleistung nach knapp einem Lebensjahr abnimmt und die Eierschalen dünner und zerbrechlicher werden. Von diesen Tieren können nur knapp 20 Prozent als Suppenhühner vermarktet werden. Grund dafür ist die mangelnde Nachfrage, denn die Koch- und Essgewohnheiten haben sich in den letzten Jahrzehnten stark gewandelt. Doch unterstützt von der Gallo Suisse und anderen Organisationen werden wieder grosse Anstrengungen unternommen, um dieses Fleisch als Delikatesse salonfähig zu machen. Metzgereien und Detailhandel, aber auch Hofläden, haben verschiedenste Produkte aus Hühnerfleisch in ihrem Sortiment: vom Hackfleisch über Bratwürste und Hamburger bis zum ganzen Suppenhuhn.
www.gallosuisse.ch

Krautpizokel

HANDGELENK X PI

Pizokel ist eines jener Rezepte aus der Bauernküche, bei denen es seit jeher kein Richtig oder Falsch gibt. Wichtig ist, dass es nährt und gut schmeckt. Ähnlich wie für Spätzli oder Knöpfli wird ein zähflüssiger Basisteig hergestellt. Dieser kann aus einer Mehlmischung oder Buchweizenmehl bestehen. Buchweizen wurde wegen seiner kurzen Vegetationszeit früher im Bünderland, vor allem im Puschlav, häufig angebaut. Der Gang durch den Garten, ganz der bäuerlichen Selbstversorgungstradition entsprechend, oder die eigene Kreativität bestimmen, mit welchen weiteren Zutaten die Pizokel angereichert werden. Das können Spinat, Kohl, Zwiebeln oder anderes Gemüse sein, das frisch geerntet werden kann. Manchmal wird die Teigspeise ganz einfach mit geröstetem Paniermehl (Brotverwertung) oder geriebenem Käse serviert.

Pizokel 500 g Weissmehl – 1 ½ dl Milch – ½ dl Wasser – 4 Eigelbe – 1 EL Quark – 1 EL Butter – 1 kleine Zwiebel, klein gewürfelt – 20 g Bündnerfleisch, klein gewürfelt – 1 kleiner Lauch (50 g), klein gewürfelt – **Gemüse** 15 g Butter – 30 g Magerspeck, in Streifen – 1 Knoblauchzehe, durchgepresst – 1 Schalotte, klein gewürfelt – 100 g Wirz, in Streifen – 100 g Spinat, in Streifen – 2–3 dl Rahm – Salz – frisch gemahlener Pfeffer

1 Mehl, Milch, Wasser, Eigelbe und Quark glatt rühren. Zwiebeln, Fleisch und Lauch in der Butter dünsten, auskühlen lassen, unter den Teig rühren.

2 Wirz und Spinat blanchieren, in einem Sieb abtropfen lassen, ausdrücken. Speck, Knoblauch und Schalotten in der Butter andünsten, das Gemüse mitdünsten.

3 Pizokelteig in Portionen auf ein Brett geben, mit einem Spachtel in kochendes Salzwasser schaben. Sobald die Pizokel an die Oberfläche steigen, mit Schaumlöffel herausnehmen, in die Krautpfanne geben. Abschmecken. Rahm steif schlagen und unterziehen.

Bündner Spezialitäten

SO IST KOCHEN KINDERLEICHT

Wenn man Pizokel selber herstellt, lohnt es sich, mit der grossen Kelle anzurichten und gleich die doppelte oder vierfache Menge zu machen. Wer jedoch Arbeitsaufwand, Abwasch und Aufräumen in der Küche scheut, greift am besten zu den fertigen Bündner Pizokel nach dem Hausrezept der Familie Caprez. La Pasteria Fattoria stellt sie als «Pizokel nature» her: eine feine Beilage zu Fleisch oder zusammen mit Gemüse ein herrliches Vegi-Gericht. Gratin-Fans bestreuen sie mit Käse und überbacken sie im Ofen. Nur noch aufgewärmt werden muss die fixfertige «Pizokelpfanne». Ihre hohe Qualität verdanken die Produkte dem schonenden Herstellungsprozess. So ist Kochen kinderleicht und ökologisch vertretbar, weil La Pasteria mit lokalen Produzenten zusammenarbeitet und eine naturnahe Produktion unterstützt.
www.la-pasteria.com

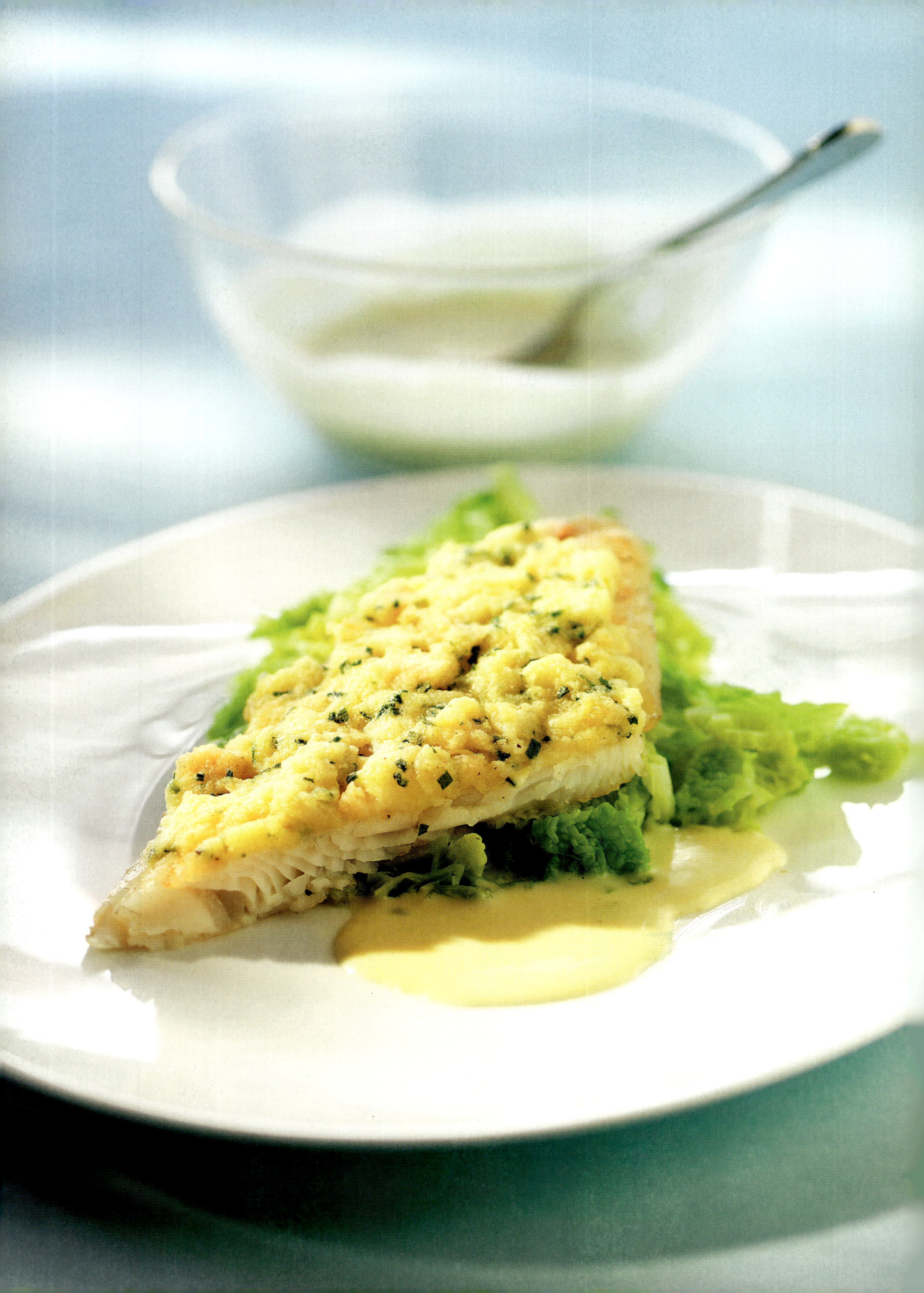

FISCHGERICHTE

Spaghetti mit geräucherter Forelle – 148
Zuger Albeli mit Kräutern – 150
Felchenfilet in der Folie gebacken – 152
Pochierte Forelle mit Sauce Hollandaise – 154
Fisch auf Ingwer-Verjus-Gemüse – 156
Felchenröllchen auf Rahmlauch – 158
Wels mit Dijonsenfkruste – 160
Zanderfilets mit Weissweinsauce überbacken – 162

Spaghetti mit geräucherter Forelle

DAS «BLAUE WUNDER» VOM BLAUSEE

Es muss nicht immer Lachs sein. Forellen sind mindestens so fein. Vor allem, wenn es sich um Bio-Forellen aus dem Blausee handelt. Süsswasserfische sind kalorienarm und das Fleisch enthält hochwertiges, leicht verdauliches Eiweiss. Die Bio-Forellen und Bio-Lachsforellen aus der Blausee-Fischzucht werden zu einem guten Teil von den Köchen des romantischen Jugendstilhotels in exquisite Gaumenfreuden verwandelt. Sie stehen auch auf der Speisekarte einiger anderer Gastronomiebetriebe. Man kann sie zudem in ausgewählten Läden eines Grossverteilers kaufen und nach eigenem Gusto zubereiten: Es gibt unzählige Forellenrezepte und selbst wenn sie aus dem Blausee stammen, wollen wir sie nicht immer auf die klassische «blaue» Art oder «à la meunière» auf dem Teller haben.

300g Spaghetti – 4–6EL Olivenöl – 3 Knoblauchzehen, grob gewürfelt – 2–3EL gehackte glattblättrige Petersilie – 4 geräucherte Forellenfilets – frisch gemahlener Pfeffer

1. Spaghetti in reichlich Salzwasser al dente kochen.
2. Olivenöl nicht zu stark erhitzen, Knoblauch und Petersilie andünsten. Forellenfilets grob zerpflücken, in die Pfanne geben und erwärmen. Abgetropfte Spaghetti zugeben, vermengen und erwärmen. Mit Pfeffer abschmecken. Sofort servieren.

Forellen

FORELLENZUCHT IM ALPINEN NATURPARK

Es gibt wenige Fischzuchten, die das Bio-Label mehr verdient haben als die Blausee AG. Seit bald 140 Jahren werden hier Fische gezüchtet. 2001 hatte sie als erster Betrieb in der Schweiz alle Kriterien von Bio Suisse erfüllt. Hier stimmt einfach alles: Die tierfreundlichen Fliesswasserbecken mit schattigen Hinterwasserbereichen und Naturbecken werden von mineralstoffreichem Quell- und Grundwasser gespeist. Hier tummeln sich die Fische rund zwei Jahre im kristallklaren Wasser, bevor sie zur Bio-Delikatesse werden. Es gibt sie frisch oder schonend geräuchert, ganz oder als grätenfreie Filets, als Mousse oder fein gewürzte Terrine. Alle Produkte sind im Blausee-Shop und im Restaurant Blausee erhältlich. Sie können auch online bestellt werden.
www.blausee.ch

Zuger Albeli mit Kräutern

DER «BROTFISCH» VOM VIERWALDSTÄTTERSEE

Ernährungsfachleute empfehlen ein- bis zweimal Fisch pro Woche, denn Fisch ist fettarm und enthält leicht verdauliches Eiweiss. Allerdings stammt nur jeder fünfte Fisch aus hiesigen Flüssen und Seen. Zudem sind viele einheimische Arten gefährdet. Der «Coregonus zugensis», das kleine, nur etwa 20 Zentimeter lange Zuger Albeli, ist im Zugersee kaum mehr nachweisbar. Im Vierwaldstättersee dagegen gehört es zu den wirtschaftlich bedeutendsten Speisefischen. Weitere Albeliarten kommen im Zürichsee und Walensee vor. Sie zeichnen sich durch ihr feines, helles Fleisch aus, das sich sowohl für eine Zubereitung auf dem Grill wie auch gebraten oder in der Friteuse gebacken sehr gut eignet. Zu meinen Favoriten gehört die einfachste aller Zubereitungsarten: in Butter gebraten und mit reichlich gedünsteten Kräutern bestreut.

---

800 g Albelifilets (Felchen) – reichlich Butter – 1 Bund Petersilie – 1 Bund Schnittlauch – Kräutermeersalz – frisch gemahlener Pfeffer

1 Petersilie von den Stielen zupfen und grob hacken. Schnittlauch in feine Röllchen schneiden.

2 Albelifilets mit Salz und Pfeffer leicht würzen.

3 Fischfilets am besten in zwei grossen beschichteten Bratpfannen zubereiten. Reichlich Butter schmelzen und bevor sie zu schäumen beginnt, Filets mit der Hautseite oben in die Bratpfanne legen und bei mittlerer Hitze beidseitig je 3 Minuten dünsten. Auf vorgewärmten Tellern anrichten. Petersilie und Schnittlauch in der Fischpfanne gut andünsten, über die Fischfilets verteilen. Sofort servieren.

TIPP Mit Dampf-/Salzkartoffeln servieren.

ALBELI Sie werden meistens so filetiert, dass die beiden Filets am Rückengrat verbunden bleiben. Zum Dünsten darf die Butter nicht zu heiss sein, denn die in der Butter enthaltene Buttermilch verdampft vor dem Aufschäumen und übernimmt das Garen.

Kräuter

FISCH UND KRÄUTER SIND GESUND

Der durchschnittliche Fischkonsum pro Kopf liegt in der Schweiz bei 19 Kilogramm (ganze Fische). Weltweit sind es etwa 16 Kilogramm. Mit Folgen: Nicht nur in den Meeren ist der Fischbestand rückläufig. Auch in der Schweiz gehen die Fänge zurück, obwohl die Berufsfischer jedes Jahr Millionen von Jungfischen aussetzen. Geniessen wir also das Fischmahl doppelt, wenn wir einheimische Albeli auf dem Teller haben. Kräuter hauchen Speisen die Seele ein. Je feiner das Fischfleisch, desto sorgfältiger sind Kräuter und Gewürze auszuwählen. Mit Petersilie oder Dill macht man nichts falsch. Oder versucht es einmal mit frischer Minze.

Felchenfilet in der Folie gebacken

EIN BISSCHEN FELCHENLATEIN

Die Verwirrung war perfekt: Als wir in einem Restaurant im Seetal «Bale» verlangten, schüttelte die Bedienung unwissend den Kopf. Erst im Gespräch mit einem Hobbyfischer erfuhren wir, dass es etwa vierzig verschiedene Formen gibt und dass sie je nach Region unter einem anderen Namen bekannt sind: Am Bodensee heissen sie Blaufelchen oder Gangfisch. Im Gebiet Aargau/Innerschweiz nennt man sie «Bale» oder Balchen. Am Neuenburger- und am Bielersee stehen sie als Bondelles oder Palées auf der Speisekarte. Am Vierwaldstätter- und am oberen Zürichsee werden sie Albeli genannt. Die Grösse ist eines der wesentlichsten Unterscheidungsmerkmale der verschiedenen Unterarten. Die Fische werden meistens als Filets angeboten. Sie eignen sich zum Braten oder Frittieren. Fein sind sie auch in der Folie gebacken.

600 g Felchenfilets – Kräutersalz – frisch gemahlener Pfeffer – reichlich glattblättrige Petersilie – 2 unbehandelte Zitronen – 6 EL Rapsöl – 4 Alufolien

1. Felchenfilets mit Kräutersalz und Pfeffer würzen. Alufolien mit Rapsöl einpinseln, Fischfilets darauflegen, mit Zitronenscheiben belegen und mit abgezupfter Petersilie bestreuen, mit Rapsöl beträufeln. Folien einschlagen. In eine Gratinform legen.
2. Fischfilets im vorgeheizten Ofen bei 180 °C 15 Minuten dünsten.

Seetaler Rapsöl

WENN DER FISCH IM RAPSÖL SIMMERT

Raps gehört zu den wichtigsten Ölsaaten in der Schweiz. Bis in die zweite Hälfte des letzten Jahrhunderts wurde das Öl jedoch nur bedingt für Speisezwecke eingesetzt, denn es war bitter und enthielt giftige Stoffe. In den 1970er-Jahren kamen neue Züchtungen auf den Markt, aus denen sich wertvolles Speiseöl gewinnen lässt. Als Liebhaber von traditionell hergestellten und geschmacklich authentischen Lebensmitteln kombinieren die Macher von GenussWerk.ch Erfahrung und Kreativität mit handwerklichem Können. Ihr beim «Schweizer Wettbewerb der Regionalprodukte» mehrfach mit einer Goldmedaille prämiertes kaltgepresstes Rapsöl aus dem Aargauer Seetal ist naturtrüb und zeichnet sich durch einen feinen, nussigen und leicht buttrigen Geschmack aus – eine echte Delikatesse.

www.genusswerk.ch

Pochierte Forelle mit Sauce Hollandaise

IN EINEM BÄCHLEIN HELLE ...

Er ist der beliebteste und wohl meistbesungene oder literarisch «zubereitete» Süsswasserfisch. Am bekanntesten ist «Die Forelle», ein Gedicht, das Franz Schubert vertonte und das ihm zugleich als Inspiration für das «Forellenquintett» diente. Der Schweizer Schriftsteller Paul Nizon gab einem seiner Bücher den Titel «Das Fell der Forelle». Wir jedoch mögen die Forelle am liebsten gebacken, «blau», nach «Müllerin Art» oder mit Kräutern. Für den Spitzenkoch Georges Wenger (18 Gault-Millau-Punkte und 2 Michelin-Sterne) gehört die rare Seeforelle aus dem Neuenburgersee zu den besten Fischen dieser Welt und er bereitet sie in seinem Restaurant in Le Noirmont auf raffiniert-einfache Weise zu. Auch bei der Bachforelle bleiben die Aromen beim sanften Garen am besten erhalten.

---

4 kleine Bachforellen, 1 Fisch pro Person – **Fischsud** 3 l Wasser – 1 Flasche Weisswein – 1 Zwiebel – 1 Karotte – ¼ Knollensellerie oder 1–2 Stängel Stangensellerie – 1 kleiner grüner Lauch – wenig Petersilie – 8 schwarze Pfefferkörner – 2 EL Salz – 1 Lorbeerblatt – 2 Gewürznelken – **Hollandaise** 2 dl Fischsud – 1 Schalotte, fein gewürfelt – 2 grosse oder 2–3 kleine Eigelbe – einige Tropfen Zitronensaft – 100 g flüssige Butter – Salz – Cayennepfeffer

1 Forellen 10 Minuten in kaltes Wasser legen, innen und aussen mit kaltem Wasser überbrausen.

2 Gemüse schälen und in Scheiben oder Streifen schneiden.

3 Alle Zutaten für den Fischsud in einem grossen Kochtopf oder in einem Fischtopf aufkochen und den Sud 10 Minuten köcheln lassen, damit die Ingredienzen ihr Aroma entfalten können. Kochtopf von der Wärmequelle nehmen und den Sud auf 70 °C abkühlen lassen. Die Forellen in den Sud legen. Den Topf auf den Kochherd zurückstellen und die Fische bei 60 bis 65 °C 35 Minuten pochieren.

4 Für die Hollandaise Fischsud mit Schalotten auf 4 Esslöffel einkochen lassen, durch ein Kaffeesieb in eine kleine Schüssel passieren, Eigelbe und Zitronensaft unterrühren. Die Sauce über dem kochenden Wasser mit dem Schneebesen schlagen, bis die Masse luftig und fest ist. Flüssige Butter tropfenweise unterrühren, mit Salz und Cayennepfeffer abschmecken. Rasch servieren.

5 Fisch mit Gemüse anrichten. Hollandaise separat servieren.

VARIANTE Fisch mit warmer, flüssiger Butter servieren.

Wein

SCHENKT MIR «REINEN» EIN

Dank Besatzmassnahmen in den meisten Gewässern gehört die potenziell gefährdete Bachforelle zu den am meisten verbreiteten Wildfischarten der Schweiz. Die im Handel erhältlichen Forellen, vor allem die ursprünglich aus Nordamerika stammenden Regenbogenforellen (Lachsforellen), stammen heute meistens aus Zuchten.
Fisch und Wein harmonieren perfekt. Das feine Fleisch und der diskrete Geschmack der Forelle verlangen nach einem leichten, trockenen, eher mineralisch geprägten Weisswein. Die Weinfachleute Bruno und Ruth Hartmann vom gleichnamigen Remiger Familienunternehmen legen nicht nur grossen Wert auf Qualität, Kreativität, Ökologie und Originalität, sondern auch auf Beratung, damit der Fisch im passenden Wein «schwimmen» kann.
www.weinbau-hartmann.ch

Fisch auf Ingwer-Verjus-Gemüse

SCHARFE WÜRZE ZUM FEINEN FISCH

Dieses Fischrezept enthält zwei für die Schweizer Küche eher untypische Zutaten: Ingwer und Verjus. Ingwer ist ein Rhizomgewächs und wird in den Tropen und Subtropen angebaut. Vor allem in asiatischen Gerichten ist der Ingwer ein unverzichtbarer Bestandteil. Wahrscheinlich gelangte die Wurzel schon vor unserer Zeitrechnung nach Europa. Jedenfalls war bereits Kaiser Neros Leibarzt von der heilenden Wirkung dieser Pflanze überzeugt. Das Wissen aus der Antike erlebte im Mittelalter eine Renaissance. Das althochdeutsche Wort «gingibero» und Rezepte aus dem 14./15. Jahrhundert beweisen, dass das exotische Gewürz auch bei uns zum Kochen und Backen benutzt wurde. Zwischenzeitlich in Vergessenheit geraten, hat sich der Ingwer mit seiner frischen, gut dosierbaren Schärfe die hiesigen Küchenreviere zurückerobert.

---

800 g festkochende Fischfilets – Kräutersalz – 1 kg Gemüse, z. B. Karotten, Lauch, Brokkoli, Kohlrabi, Kefen, Blumenkohl, Sojasprossen – wenig Gemüsebouillon – 1 dl Verjus – Kräutersalz – 2 EL frisch geriebener Ingwer – Olivenöl

1 Gemüse putzen/schälen und in mundgerechte Stücke schneiden/brechen oder in Streifen schneiden.

2 Gemüse mit wenig Gemüsebouillon und dem Verjus in einen Topf geben, mischen und bei schwacher Hitze 3 Minuten garen, mit Kräutersalz und Ingwer würzen.

3 Fischfilets mit Kräutersalz würzen, aufrollen, mit Zahnstochern fixieren. Fischröllchen auf das Gemüse legen, 8 Minuten bei schwacher Hitze garziehen lassen. Anrichten. Mit Olivenöl beträufeln.

TIPP Mit Dampfkartoffeln oder Reis servieren.

Verjus

MILDER ALS ESSIG UND FEINER ALS ZITRONE

Der aus unreifen Trauben gepresste «vert jus» eroberte Europa vom Orient aus, wo die Reben ursprünglich herkommen. Zitronen und Essig brachten das Säuerungsmittel ins Hintertreffen. Doch nun ist er von der Spitzengastronomie wiederentdeckt worden. In der Schweiz wird er seit 2005 auf professioneller Basis hergestellt. Zu den ersten Bio-Verjus-Produzenten gehört Felix Küchler in Salgesch. Verjus ist ein Nebenprodukt des Weinbaus. Bei zu starkem Behang schneidet der Winzer einen Teil der Trauben im grünen Stadium ab. Die Traubenbeeren werden frisch gepresst und ohne Zusatzstoffe und Konservierungsmittel pasteurisiert. Der milde, fruchtige Säurespender mit eigenständigem Charakter verfeinert Fisch, Fleisch und Gemüse und eignet sich für die Zubereitung von originellen Desserts und Drinks.
www.verjusbio.ch

Felchenröllchen auf Rahmlauch

FISCHE MÖGEN KEINEN DÜNGER

Felchen sind die mit Abstand am meisten gefangenen Speisefische in der Schweiz. Im Mittelland und im Alpenraum gibt es noch etwa 25 Seen, in denen eine oder mehrere Arten leben, die ausschliesslich in diesem Gewässer vorkommen. Diese aussergewöhnliche Vielfalt ist darauf zurückzuführen, dass sich die Felchen rasch an die vorherrschenden Bedingungen in den nach der Eiszeit entstandenen Seen angepasst haben. Doch die Überdüngung der Gewässer hat vielen Fischarten sehr zugesetzt: Innerhalb weniger Jahrzehnte hat sich der Fischbestand in der Schweiz um rund 40 Prozent reduziert. In einigen Seen sind die Felchen und andere Fische ganz ausgestorben. Auch im Hallwilersee könnten sie nicht überleben, wenn der See nicht seit mehr als zwanzig Jahren belüftet würde.

---

500 g Felchenfilets ohne Haut – ½ Zitrone, Saft – Salz – frisch gemahlener Pfeffer – 1 Kräuterfrischkäse, z. B. Boursin – 1 EL Rahm – **Lauch** 1 EL Butter – 1 kleine Zwiebel – 500 g Lauch – 1 dl Rahm – Zitronensaft – Salz – frisch gemahlener Pfeffer

1 Fischfilets mit Zitronensaft beträufeln, 5 bis 10 Minuten marinieren, mit Salz und Pfeffer würzen. Kräuterfrischkäse mit Rahm glatt rühren, auf den Fischfilets verstreichen, einrollen und mit einem Zahnstocher fixieren.

2 Backofen auf 180 °C vorheizen. Eine Gratinform mit Butter einfetten.

3 Für das Lauchgemüse Zwiebel klein würfeln. Beim Lauch grobfasrige Teile entfernen, Stängel je nach Grösse längs halbieren und quer in Streifen schneiden. Zwiebeln in der Butter andünsten, Lauch mitdünsten, mit Rahm ablöschen, Lauch knackig garen, mit Zitronensaft, Salz und Pfeffer abschmecken.

4 Lauch in die Gratinform verteilen, Felchenröllchen darauflegen. Form mit Alufolie verschliessen. In der Mitte in den Ofen schieben und bei 180 °C 25 Minuten garen.

Felchen

MILLIONEN VON JUNGFELCHEN EINGESETZT

Von der Grösse her liegt der Hallwilersee an 16. Stelle aller Schweizer Gewässer. Eine landschaftliche Idylle, beliebt bei «Wasserratten» und Touristen. Auch den Fischen gefällt es wieder besser, weil dem gut zehn Quadratkilometer grossen Mittellandsee seit mehr als zwanzig Jahren Sauerstoff zugeführt wird. Das Gewässer ist in vier Pachtreviere eingeteilt. Die Berufsfischer betreiben eine sogenannt passive Fischerei mit Netzen. Felchen sind die meistgefangenen Fische. Doch aus unerklärlichen Gründen pflanzen sich diese im Hallwilersee nicht mehr auf natürlichem Weg fort. Wenn die Pächter nicht Jahr für Jahr Millionen von Jungfischen aussetzen würden, gäbe es, trotz praktisch abgeschlossener Seesanierung, keine Felchen mehr zu fangen.

Wels mit Dijonsenfkruste

SÜSSWASSERWAL IM KRUSTENKLEID

Der Wels kann bis 2,5 Meter lang und fünfzig Kilogramm schwer werden. Damit ist der ursprüngliche Donaufisch der grösste Wildfisch, der in Europas Gewässern lebt. Da er kaum natürliche Feinde hat, kann der Riese mit den auffälligen, an Antennen erinnernden Barteln bis zu achtzig Jahre alt werden. In der Schweiz fängt man den «Süsswasserwal» am ehesten in den Seen am Jurasüdfuss, im Bodensee, in der Aare und im Hochrhein. Junges Welsfleisch erinnert an Kalbfleisch, ist fast grätenlos und sehr delikat. Es gibt verschiedene Zubereitungsmöglichkeiten: Wenn er nicht zu gross ist, kann er in einem Gemüsesud ganz gegart werden. Filets werden paniert, gebraten, gegrillt, gratiniert oder schwimmend im Öl gebacken. Die im Rezept vorgeschlagene Senfkruste gibt dem festen Fleisch reichlich Würze.

2 EL Rapsöl – 600 g Welsfilets oder anderer festfleischiger Fisch – Salz – frisch gemahlener Pfeffer – **Dijonsenfkruste** 2 dl heisse Gemüsebouillon – 100 g Toastbrotwürfelchen, ohne Rinde – 10 g Butter – 40 g Zwiebeln, klein gewürfelt – 30 g Dijonsenf – 60 g weiche Butter – 30 g Eigelb – Salz – frisch gemahlener Pfeffer – 1 Bund Schnittlauch, fein geschnitten

1 Toastbrotwürfelchen in der Gemüsebouillon einweichen.

2 Zwiebeln in der Butter andünsten.

3 Senf und Butter (60 g) zu einer luftigen Masse aufschlagen, Eigelb unterrühren. Gut ausgedrückte Brotwürfelchen und gedünstete Zwiebeln unterrühren, mit Salz und Pfeffer abschmecken, Schnittlauch unterrühren. Masse auf einer Alufolie zu einem Rechteck formen, kühl stellen.

4 Backofen auf 170 °C vorheizen.

5 Welsfilets mit Salz und Pfeffer würzen. In einer Bratpfanne im Rapsöl beidseitig anbraten. In eine feuerfeste Form legen. In der Mitte in den Ofen schieben, Fisch bei 170 °C 3 bis 5 Minuten braten. Aus dem Ofen nehmen.

6 Ofen auf Gratinstufe (250 °C) aufheizen.

7 Welsfilets mit dem gekühlten Senf-Butter-Blatt belegen. In der oberen Hälfte in den Ofen schieben und 2 Minuten gratinieren.

TIPP Auf gedünstetem Wirz servieren.

Senf

AUSGEWOGEN IM GESCHMACK MIT PIKANTEN VARIATIONEN

Senf ist in der Küche ein unverzichtbares Würzmittel. Er harmoniert mit vielen Speisen und gibt ihnen eine unaufdringliche, aparte Note. Die delikaten Variationen der waadtländischen Traditionsfirma Reitzel (Suisse) SA liefern zusätzliche Inspirationen und erweitern die Einsatzmöglichkeiten. Das seit mehr als hundert Jahren in Aigle ansässige Familienunternehmen ist führend in der Herstellung von exquisiten Senfprodukten, Essiggemüsespezialitäten, Salatsaucen und weiteren Feinkostprodukten. Diese sind unter dem Markennamen «Hugo Reitzel», teils aber auch als Eigenmarken von Grossverteilern und Comestibles-Geschäften erhältlich. Wer ohne langes Suchen auf Nummer sicher gehen will, kann das gesamte Reitzel-Sortiment problemlos über den online-Versand bestellen.
www.hugoreitzel.ch

Zanderfilets mit Weissweinsauce überbacken

EIN BEGEHRTER EINWANDERER

Schweizer Fisch ist kein Massenprodukt. Viele Vorschriften schränken die Erträge ein. Zudem sind Wildfänge oft nur regional oder direkt bei den Berufsfischern erhältlich. Der Zander ist ursprünglich ein Osteuropäer. Durch Besatzmassnahmen wurde er auch in mittel- und westeuropäischen Gewässern heimisch. Der Raubfisch wächst sehr schnell. Seine ideale Fanggrösse beträgt 40 bis 50 Zentimeter. Doch er kann mehr als einen Meter lang und bis 19 Kilogramm schwer werden. Sein mageres, festes Fleisch muss sofort verarbeitet werden. Kleine Fische werden ganz pochiert, grössere in Stücke oder Filets geschnitten. Sie eignen sich zum Braten, Braisieren oder Garen im Ofen und für Suppen.

---

600 g Zanderfilets mit Haut, in 8 Portionen – **Zum Pochieren** 1 EL Butter – 1 Schalotte, fein gewürfelt – 2 dl Weisswein – 1 dl Fischfond – **Sauce** Pochierfond vom Fisch – 20–30 g Mehlbutter (⅔ Butter und ⅓ Mehl zusammenfügen) – 1–2 Äpfel, geschält, geviertelt, entkernt, klein gewürfelt – 50 g Champignons, in feinen Scheiben – 1 Eigelb – 1 dl Rahm – einige Tropfen Zitronensaft – 25 ml Calvados, nach Belieben – 4 gehäufte EL Schlagrahm

1 Backofen auf 250 °C vorheizen. Gratinform oder vier Portionenformen mit Butter einfetten.

2 Schalotten in einer weiten, flachen Pfanne in der Butter andünsten. Fisch in die Pfanne legen. Weisswein und Fischfond darübergiessen. Pfanne aufheizen, bis der Fond köchelt, Fisch zugedeckt bei schwacher Hitze pochieren, bis das Fischfleisch nicht mehr durchsichtig, sondern milchig-weiss ist. Pfanne von der Wärmequelle nehmen, 3 Minuten zugedeckt stehen lassen. Fisch in eingebutterte Gratinform oder in Portionenformen legen. Zugedeckt warm stellen.

3 Fischfond erhitzen. So viel Mehlbutter unter kräftigem Rühren mit dem Schneebesen unterrühren, bis die Sauce dickflüssig ist. Äpfel, Champignons und mit Eigelb verrührten Rahm unterrühren, erhitzen, mit Salz und Pfeffer würzen, mit Zitronensaft und Calvados abschmecken. Schlagrahm leicht unterziehen. Über den Fisch verteilen. Form(en) in der Mitte in den vorgeheizten Ofen schieben und kurz Farbe annehmen lassen. Sofort servieren.

TIPP Mit Reis servieren.

Wein vom Südhang

ALTE KÜCHENWEISHEIT

Fisch soll dreimal schwimmen – in Wasser, Schmalz und Wein. Doch welcher Wein eignet sich am besten? Nicht der billigste, aber auch nicht der teuerste, lautet die Devise. Die filigranen Aromen von Süsswasserfischen wollen mit einem leichten Weisswein gepaart werden. Durch das Reduzieren werden Aroma und Säure konzentriert und geben dem Fisch das gewisse Etwas. Weniger Zurückhaltung ist beim Wein geboten, der das Mahl begleitet. Auch da empfiehlt sich ein eher trockener Weisser. Eine Entdeckung ist der Blanc de noir und der Chardonnay vom «Südhang» in Eschenbach/LU. In der mineralischen Erde an südorientierter Lage pflegen Heidi und Josef Bucher den ersten Rebberg in der Region. Ihr kleines, köstliches Weinsortiment kann im modernen Präsentationsraum degustiert oder online bestellt werden. www.vomsuedhang.ch

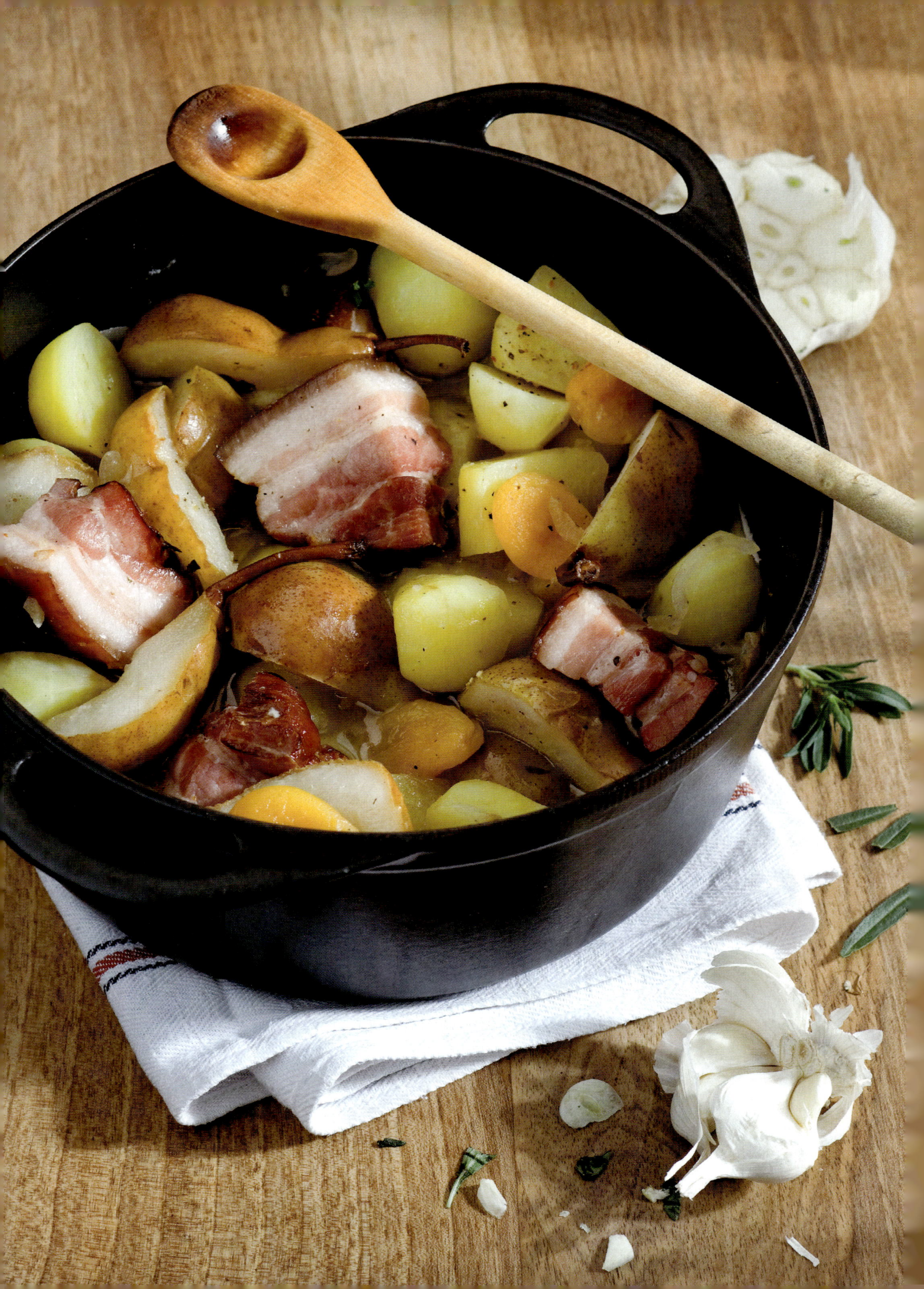

EINTÖPFE & AUFLÄUFE

Kirschenauflauf – 166
Schnitz und Drunder – 168
Dörrbohnen mit Speck und Kartoffeln – 170
Landfraueneintopf – 172
Kartoffel-Kürbis-Auflauf – 174
Appenzeller Brotauflauf – 176
UrDinkel-Eintopf – 178
Plain in Pigna – 180
Hirsegriess-Kürbis-Gratin – 182

Kirschenauflauf

PRIMADONNEN UNTER DEN FRÜCHTEN

Sommer, der Duft von Heu, das Aroma von roten und schwarzen Kirschen im Mund, die wir von den Bäumen pflückten – Kindheitserinnerungen. Am Abend verwöhnte uns die Grossmutter mit ihrem legendären Chriesiauflauf. «Chriesi», davon konnten wir nie genug bekommen. Kirschen sind echte Diven: Heikel, was das Wetter betrifft. Regen mögen sie schon gar nicht. Auch ist ihre Hoch-Zeit sehr begrenzt. Wenn alles stimmt, finden wir sie in den Monaten Juni und Juli auf dem Markt, in den Früchteabteilungen oder direkt beim Produzenten. Beim Kochen kann man auch auf entsteinte, pasteurisierte Kirschen zurückgreifen. Dann ist der Kirschenauflauf schnell fertig: Eine köstliche Variante zum klassischen Früchtekuchen und als Dessert genauso beliebt wie als süsses Nachtessen.

MAHLZEIT FÜR 2 BIS 3 PERSONEN – DESSERT FÜR 4 BIS 6 PERSONEN 100 g Brotwürfelchen, ohne Rinde – 2 dl heisse Milch – 4 Eier – 50 g geriebene Mandeln – 500 g entsteinte Kirschen – Zucker, nach Belieben – Zimtpulver – 2 EL gehackte Mandeln – 30 g Butter

1 Backofen auf 200 °C vorheizen.
2 Heisse Milch über die Brotwürfelchen giessen, Milch gleich wieder abgiessen.
3 Eier verquirlen, Brotwürfelchen, Mandeln und Kirschen zugeben, gut mischen, abschmecken mit Zucker und Zimt. Masse in eine eingefettete Gratinform füllen, gehackte Mandeln darüberstreuen, mit Butterflocken belegen.
4 Kirschenauflauf im unteren Drittel in den vorgeheizten Ofen schieben und bei 200 °C 30 Minuten backen. Sofort servieren.
TIPP Mit einer Vanillesauce servieren.

Chriesiland / Jurapark Aargau

AARGAUER CHRIESIWÄG

«Wie ist die Welt doch schön», stellt man jeden Frühling aufs Neue fest, wenn die Kirschbäume das Fricktal in ein Paradies verwandeln. 2007 wurde der 5,5 Kilometer lange Chriesiwäg im Jurapark Aargau mit Ausgangsort Gipf-Oberfrick eröffnet. Unterwegs vermitteln elf Informationstafeln viel Wissenswertes zum Kirschenanbau. Tafelkirschen beispielsweise gedeihen inzwischen fast alle in geschützten Plantagen. Die Kleinsten der Gattung Steinobst sind süsse Energie- und Lebenskraftspender. Mit 60 Kilokalorien pro 100 Gramm sind Kirschen aber auch ein ideales Schlankmacherobst. Aus ökologischer Sicht besonders wertvoll sind Hochstammbäume, aus deren Früchten feine Sortenbrände hergestellt werden.
www.jurapark-aargau.ch

Schnitz und Drunder

TRADITIONELL MIT SÜSSEN DÖRRÄPFELN

Es ist noch gar nicht so lange her, als sparsames Haushalten nicht nur eine Tugend, sondern eine Notwendigkeit war. Überschüsse von Obst und Gemüse wurden sterilisiert oder gedörrt und im Winter zusammen mit anderen haltbaren Vorräten kombiniert. So sind vor langer Zeit auch Eintopfgerichte aus Kartoffeln, Obst und Fleisch/Speck entstanden, die in der Schweiz und in Süddeutschland in unzähligen Varianten verbreitet sind. Im Aargau heissen sie «Schnitz und Drunder», im Luzernischen «Schnitz und Häppere». Natürlich kann man auch frische Äpfel oder Birnen verwenden. Historisch korrekt war das Gericht in unserer Familie aber nur mit Äpfeln vom alten «Süssöpflerbaum», die wir in Schnitze teilten und auf dem Ofen dörrten.

---

2 EL Öl – 400 g Schweinsvoressen – frisch gemahlener Pfeffer – Nelkenpulver – Salz – 90 g Zucker – 600 g sehr weiche (teigige) Kugel- oder Wasserbirnenschnitze oder eingeweichte Dörrbirnen – 3–4 dl Süssmost oder Wasser – 700 g festkochende Kartoffeln

1 Schweinsvoressen in einem Brattopf im Öl anbraten, mit Pfeffer, Nelkenpulver und Salz würzen, herausnehmen.

2 Zucker in der Fleischpfanne hellbraun karamellisieren, Birnen zufügen und im Karamell wenden, mit Süssmost ablöschen. Fleisch zufügen, aufkochen, bei schwacher Hitze 30 Minuten köcheln lassen. Kartoffeln schälen und in 3 cm grosse Würfel schneiden, auf die Birnen und das Fleisch legen (nicht untermischen), etwa 20 Minuten köcheln lassen, bis die Kartoffeln weich sind, jetzt untermischen.

Hofläden

BIO UND VON HAND GEMACHT

Der schonende Umgang mit bäuerlichen Ressourcen und die Produktion von gesunden Lebensmitteln werden immer populärer. Weil Bio mit viel Mehrarbeit verbunden ist, geht die Rechnung für viele Produzenten nicht auf, wenn sie Grossabnehmer beliefern. Darum bieten immer mehr Betriebe ihre Erzeugnisse direkt ab Hof an – entweder im eigenen Laden, auf den Märkten oder online. Eigentlich sind Hofläden noch der einzige Ort, wo der Konsument wirklich erfährt, welche Gemüse und welche Früchte tatsächlich Saison haben. Da wird es auch Wochen/Monate geben, wo selbst Lauch und Karotten nicht im Angebot sind, von Kopfsalat, Radieschen, Tomaten und Co. ganz zu schweigen. Umso schöner, wenn sie wieder im Angebot sind und kulinarisch von neuem entdeckt werden können.

Dörrbohnen mit Speck und Kartoffeln

SCHWEIZ ODER CHINA?

Dörrbohnen gehören zum kulinarischen Erbe der Schweiz. Wem die «Berner Platte» mit Rippli, Gnagi, Söischwänzli, geräucherter Rindszunge, Gsottenem und Zungenwurst gar zu oppulent und fleischlastig ist, hält sich an die Light-Variante mit Dörrbohnen, Kartoffeln und einem Stück Räucherspeck. Bei uns war Bohnenabfädeln eine langweilige Kinderarbeit, die wir mit Lumpenliedern und Neckereien auflockerten. Dann überbrühte Mutter die Bohnen kurz in kochendem Wasser, schreckte sie unter kaltem Wasser ab, bevor sie sie auf Tüchern in einem luftigen, von der Sonne aufgeheizten Estrichzimmer zum Trocknen ausbreitete. Heute wird ein grosser Teil der Dörrbohnen aus China importiert. Zum Glück haben findige Gemüsebauern und fleissige Schweizer Bäuerinnen die Dörrbohnen wieder als Nischenprodukt in ihr Sortiment aufgenommen.

---

2 EL Öl − 1 kleine Zwiebel, klein gewürfelt − 200 g Dörrbohnen − 1 Sträusschen Bohnenkraut − ½ l Gemüsebouillon − 400 g durchwachsener Räucherspeck, in dicken Scheiben − 800 g festkochende Kartoffeln, geschält, grob gewürfelt − Salz − Pfeffer aus der Mühle

1 Dörrbohnen über Nacht im Wasser einweichen, abgiessen.
2 Zwiebeln in einem grossen Kochtopf im Öl andünsten, Dörrbohnen kurz mitdünsten, Bohnenkraut zugeben, mit Gemüsebouillon ablöschen, Speck darauflegen, 30 Minuten köcheln lassen. Kartoffeln zugeben, köcheln lassen, bis die Kartoffeln weich sind. Mit Salz und Pfeffer abschmecken.

Dörrbohnen

SELMA, ZEBRINA UND NECKARKÖNIGIN

Für 100 Gramm Dörrbohnen braucht es 1 Kilogramm erntefrische Bohnen. Was die Chinesen heute exportieren, können wir Schweizer schon seit 200 Jahren. Damals eroberte die in Südamerika beheimatete Gartenbohne den hiesigen Speisezettel. Aber den Dörrbohnen geht es gleich wie vielen anderen einheimischen Produkten: Importware ist bedeutend billiger. Erfreulicherweise verlegen sich trotzdem Schweizer Hofbetriebe wieder vermehrt auf den Anbau von Stangenbohnen. Zu diesen gehört der Bio-Betrieb Schweizer in Wynigen. Per A-Post werden frisch gepflückte und gedörrte Gourmet-Bohnen der Sorten Selma-Fina, Zebrina oder Neckarkönigin verschickt – auf Bestellung samt Bohnenkraut – und viele andere auf dem Hof produzierte «schweizernaturprodukte».
www.schweizernaturprodukte.ch

Landfraueneintopf

GUTES VON DEN «MACHERINNEN» VOM LAND

Was wäre die Welt ohne «Landfrauen»? Sie tauchen selten in den Schlagzeilen auf.
Doch überall auf der ganzen Welt waren sie zu allen Zeiten Hüterinnen des Lebens und der Gemeinschaft. Der 1932 gegründete Schweizerische Bäuerinnen- und Landfrauenverband zählt mehr als 60 000 Mitglieder. Es sind kreative Frauen, die Traditionen bewahren, aber Neuem gegenüber aufgeschlossen sind. Ihnen verdanken wir viele einfache Selbstversorger-Rezepte. Eines dieser klassischen Gerichte ist unter dem Namen «Landfraueneintopf» bekannt geworden.
In den von den kantonalen Landfrauen-Organisationen herausgegebenen Kochbüchern finden wir eine grosse Auswahl weiterer Rezepte.

1 EL Bratbutter – 1 mittelgrosse Zwiebel, in feinen Scheiben – 1 Knoblauchzehe, fein gewürfelt – 1 kg Birnen – 750 g geräucherter Magerspeck, in 8 Portionen – 1 kg vorwiegend festkochende Kartoffeln – 100 g Dörraprikosen – 2 dl Sauermost – 1½ dl Gemüsebouillon – 1 Msp Nelkenpulver – Salz – frisch gemahlener Pfeffer – 1 Sträusschen Bohnenkraut

1. Birnen ungeschält vierteln und Kerngehäuse entfernen. Kartoffeln schälen und in grosse Würfel schneiden.
2. Zwiebeln und Knoblauch in der Bratbutter andünsten, Birnen und Speck kurz mitdünsten, Kartoffeln und Aprikosen zugeben, mit Sauermost und Gemüsebouillon ablöschen, aufkochen, würzen. Eintopf bei schwacher Hitze rund 30 Minuten köcheln lassen. Mit dem Bohnenkraut garnieren.

Geräuchertes Fleisch

WÜRZIGES AUS DEM RAUCH

In der «Chämihutte» geräucherter Speck gibt diesem Eintopfgericht einen währschaften Boden. Nach wie vor gibt es kleine Räuchereien, die nach alter Väter Sitte arbeiten. Das Fleisch stammt aus der Schweiz und wird mit einer hauseigenen Salz- und Gewürzmischung präpariert. Ein grosses Geheimnis wird um das Verhältnis von Sägemehl, Tannen- und Wacholderreisig gemacht, die in den Rauchkammern verbrannt werden. Dieses traditionelle Herstellungsverfahren ist sehr aufwändig, garantiert aber eine gleichbleibende hohe Qualität und ein exklusives Aroma. Wer Wert auf natürlich geräuchertes Fleisch legt, findet es in vielen Hofläden, an Märkten oder in Spezialitäten-Metzgereien.

Kartoffel-Kürbis-Auflauf

EIN ALLESKÖNNER

In den Herbstmonaten ist die Machtdemonstration der Kürbisse in ländlichen Gebieten nicht zu übersehen. Doch es hat lange gedauert, bis sich die Riesenbeere bei uns als Lebensmittel durchsetzen konnte. Anders als die Kartoffel wurde die Südamerikanerin zum Schweinefutter degradiert und kam nur in Notzeiten auf den Tisch. Vor etwas mehr als zwei Jahrzehnten brach ein richtiges Kürbisfieber aus, und die Popularität hat bisher kaum nachgelassen. Egal ob Speise- oder Zierkürbis, die Formen- und Farbenvielfalt begeistert. In der Küche sind sie richtige Alleskönner und schmecken als Suppe, Gemüse, Püree oder werden zu süssen und pikanten Wähen oder Kuchen verarbeitet. Kürbisse können mehrere Monate gelagert werden. Es lohnt sich also, einen Vorrat anzulegen.

---

1 kg Kürbis, eher mehlige/trockene Sorte – 400 g festkochende Kartoffeln – 150 g klein gewürfelter Schinken – 100 g geriebener Gruyère – 2 EL Majoranblättchen – **Guss** 2 Eier – 2 dl Rahm – 100 g Mascarpone – Kräutersalz – frisch gemahlener schwarzer Pfeffer

1 Kürbis entkernen und schälen, in Würfelchen schneiden. Kartoffeln schälen und in Würfelchen schneiden. Beides im Dampf ein paar Minuten garen, abkühlen lassen.

2 Backofen auf 200 °C vorheizen.

3 Guss zubereiten, gut würzen.

4 Gratinform einfetten. Kürbis-Kartoffel-Mix, Schinken, Gruyère und Majoran in der Form mischen. Guss darübergiessen.

5 Kartoffel-Kürbis-Auflauf in der Mitte in den vorgeheizten Ofen schieben und bei 200 °C 20 bis 30 Minuten backen.

Kürbis

VOM ZWERG BIS ZUM ZWEITÖNNER

In Europa kennt man die Pflanze seit dem 16. Jahrhundert. Kürbisse sind Sonnenkinder und einfach zu kultivieren, wenn man ihre Vorlieben beachtet: Sie brauchen humusreiche Erde, Nährstoff – am besten Kompost – und viel «Auslauf» für ihre Ranken. Kälte und Nässe machen ihnen zu schaffen. Angebaut werden unzählige Speisesorten: Die kleinsten sind kaum faustgross, die grössten bringen über 200 Kilogramm Gewicht auf die Waage. Es gibt mehlige und wässrige Sorten. Praktisch alle Kürbisse eignen sich für Suppen. Bei einem Gratin ist es schon komplizierter. Ein wässriger Kürbis schmeckt mehr nach Zucchetti, ein mehliger nach Kartoffeln. Je mehr man mit Kürbissorten experimentiert, desto mehr Erfahrung bekommt man. Wichtig: Ausgereifte Kürbisse sind einige Wochen bis Monate haltbar. Wenn der Kürbis einmal angeschnitten ist, sollte man ihn innert Tagen verwerten.

Appenzeller Brotauflauf

RESTENVERWERTUNG AUF WÜRZIGE ART

Wer kennt das Sprichwort: «Altes Brot ist nicht hart, aber kein Brot, das ist hart»? Brot war in den letzten Jahrzehnten hierzulande nie Mangelware, wie der gedankenlose Umgang mit Gebackenem oft zeigt. Mir widerstrebt es, Brot wegzuwerfen. Zum Glück lässt sich altbackenes Brot ausgezeichnet wiederverwerten – eine Kunst, die wohl schon in den Anfängen des Brotbackens geübt wurde. In der Bibel heisst es: «Der Mensch lebt nicht vom Brot allein.» Auf die elementaren Bedürfnisse übertragen, darf man trockenes Brot also getrost aufwerten und in süsse oder rezente Gerichte verwandeln. Besonders nahrhaft ist die Variante mit Milch, Rahm und Käse. Und weil in den Alpgebieten schon vor Jahrhunderten Käse hergestellt wurde, kennt fast jede Region ihr eigenes Brot-Käse-Auflauf-Rezept.

4–5 dl Milch, je nach Trockenheit des Brotes – 200 g altbackenes Brot – 3 Eier – 150 g reifer Appenzeller® Käse, auf der Bircherraffel gerieben – frisch gemahlener Pfeffer – frisch geriebene Muskatnuss – fein gehackte Kräuter

1 Milch erhitzen, in eine Schüssel giessen. Brot in der Milch einweichen, mindestens 15 Minuten stehen lassen, mit einer Gabel fein zerpflücken.
2 Backofen auf 220 °C vorheizen.
3 Eier trennen. Eiweiss steif schlagen.
4 Eigelbe und Käse unter die Brotmasse rühren, würzen. Kräuter ebenfalls unterrühren. Eiweiss unterziehen, in eine mit Butter eingefettete Gratinform füllen.
5 Brotauflauf in der Mitte in den Ofen schieben und bei 220 °C 30 bis 40 Minuten backen.

Holzofenbrot

BIO-BROT NACH ALTER BÄCKERMANIER

Gibt es etwas Besseres als den Duft von frisch gebackenem Brot? Der Besitzer eines kleinen Dorfladens backte sein «Feierabendbrot» immer im Verkaufsraum. Die Idee funktionierte bestens, bis die Konkurrenz nachzog und industriell vorgefertigte Backwaren aufbackte. Doch es gibt sie wieder, die Bäcker und Bäuerinnen, die Brot in Handarbeit herstellen und in der Region anbieten. Glücklich kann sich schätzen, wer sein Brot in einer Holzofenbäckerei kaufen kann oder einen eigenen Holzofen hat. Holzofenbrot duftet und schmeckt einfach besser als herkömmliches Brot und es bleibt auch länger frisch. Apropos Geschmack: Vom Holz darf nur noch die Asche übrig sein, wenn die Brotlaibe in den Ofen geschoben werden. Aber der Holzduft geht dadurch nicht verloren, er bekommt lediglich einen rauchigen Touch.

UrDinkel-Eintopf

GESUND UND IMMER BELIEBTER

Zugegeben, eine Mahlzeit mit ganzen Getreidekörnern und Hülsenfrüchten ist alles andere als «Convenience». Zum einen haben beide Zutaten eine lange Einweich- und Kochzeit. Zum anderen erfordern sie beim Essen echte Kauarbeit. Aus ernährungsphysiologischer Sicht ist die Kombination sehr empfehlenswert – ganz besonders, wenn sie, wie dieser reichhaltige UrDinkel-Eintopf, mit weiteren bodenständigen Ingredienzen ergänzt wird. UrDinkel hat vieles gemeinsam mit dem ertragreicheren Weizen, der sich zum weltweit wichtigsten Getreide entwickelt hat. Doch UrDinkel hat nicht nur aus gesundheitlicher, sondern auch aus ökologischer Sicht bedeutend mehr zu bieten, denn die Pflanze braucht wenig Dünger und das im Spelz eingeschlossene Korn ist widerstandsfähig gegen Umweltgifte.

---

100 g rote Bohnen (Indianerbohnen) − 150 g UrDinkel-Körner − 1 EL Bratbutter − 1 mittelgrosse Zwiebel, klein gewürfelt − 2 Knoblauchzehen − 200 g Weisskabis, in feinen Streifen − 1 TL Rosenpaprikapulver − 1 TL Senf − einige Kümmelsamen − 1½ l Gemüsebouillon − 100 g Karotten, geschält, klein gewürfelt − 150 g rohe Sauerrüben oder Sauerkraut, gut abgetropft − 1 EL fein gehackte Majoranblättchen − Kräutersalz − frisch gemahlener weisser Pfeffer

1 Dinkelkörner und rote Bohnen über Nacht getrennt in kaltem Wasser einweichen. Einweichwasser am nächsten Tag weggiessen.

2 Bohnen in reichlich frischem Wasser (nicht salzen) aufkochen, bei schwacher Hitze 30 bis 40 Minuten garen, bis sie weich sind.

3 Zwiebeln und durchgepresste Knoblauchzehen in der Bratbutter andünsten, Kabis und Dinkel zugeben, mit Rosenpaprika bestäuben, Senf und Kümmel zugeben, mit der Gemüsebouillon ablöschen, aufkochen, Eintopf bei schwacher Hitze 20 Minuten köcheln lassen. Karotten und Sauerrüben zugeben, weitere 20 Minuten köcheln lassen, bis die Körner weich und etwas aufgequollen sind. Zum Schluss Bohnen und Majoran untermischen. Abschmecken.

TIPP Ein Stück Speck oder Rippli mitkochen.

UrDinkel

DAS WERTVOLLSTE GETREIDE

Dinkel wird seit mehr als zwei Jahrtausenden angebaut. Im alemannischen Sprachraum galt er bis zum Zweiten Weltkrieg als wichtigstes Brotgetreide. Verdrängt wurde er durch Weizenzüchtungen, welche ertragreicher und standfester waren. Als der Bund den Dinkel zum Futtergetreide degradieren wollte, schlossen sich verantwortungsvolle Produzenten, Müller und Verarbeiter zur IG Dinkel zusammen. Gemeinsam ist es ihnen gelungen, diesem kostbaren kulinarischen Kulturgut seinen Platz zurückzugeben. Nun werden in den hügeligen Regionen des Mittellandgürtels zwischen Thurgau und Freiburg wieder alte, reine (weizenfreie) Dinkelsorten angebaut und unter der Marke UrDinkel auf den Markt gebracht. Der kleberreiche UrDinkel ist ideal zum Backen. Bäcker und Pasta-Hersteller entwickeln daraus ausgezeichnete UrDinkel-Spezialitäten wie Guetzli und Pasta.
www.urdinkel.ch

Plain in Pigna

HERZHAFTES AUS DEM ENGADIN

Die «gute alte Zeit» war für viele Menschen oft gar nicht so gut. Sie bestand aus hartem Tagewerk, und es gab wenig zu beissen. Erst recht in den abgelegenen Bergtälern. «Plain in Pigna» ist ein typisches Engadiner Armeleutegericht. Wörtlich übersetzt heisst es «voll im Ofen». Traditionell wurde es auf dem Herd oder im Kachelofen über der offenen Glut zubereitet. Der Zusatz «cun Ärdöffels» sagt, woraus es besteht: aus vielen rohen, grob geraffelten Kartoffeln. Aufgepeppt wird die Ofenrösti, wie sie auch genannt wird, durch fein gewürfelten Speck, Salsiz oder Rohschinken. Zu diesem herz- und nahrhaften Gericht passen gekochte Apfelschnitze, Preiselbeerkompott oder Salat.

600g vorwiegend festkochende Kartoffeln − 100g geräucherter Speck, klein gewürfelt − 2EL grober Maisgriess − 2dl Rahm − 1 Majoranzweiglein − Salz − frisch geriebene Muskatnuss

1 Backofen auf 180°C vorheizen. Eine Gratinform mit Butter einfetten.
2 Kartoffeln schälen und auf der Röstiraffel reiben.
3 Kartoffeln, Speck, Mais, Rahm und abgezupfte Majoranblättchen vermengen, mit Salz und Muskatnuss würzen, in die Gratinform verteilen.
4 Plain in Pigna in der Mitte in den vorgeheizten Ofen schieben und bei 180°C 1 Stunde garen, bis der Gratin goldbraun und knusprig ist.

TIPP Mit reifem Bergkäse und Kabissalat servieren.

Kartoffel

HEISS GELIEBTE MIGRANTIN

1621 verfasste ein österreichischer Benediktinerabt das erste Kartoffelkochbuch. In Europa werden Kartoffeln seit dem ausgehenden 17. Jahrhundert in grösserem Stil angebaut und für Speisezwecke genutzt. Kartoffel-Pioniere waren die Engländer und die Sachsen. Recht früh fand die «tolle Knolle» auch Eingang in die Küche der Schweizer Voralpen- und Bergregionen. Hier herrschten ähnliche Bedingungen wie im Anden-Hochland, der Wiege der Kartoffel. Zudem gab es hier keine Vorschriften, was auf dem Land angepflanzt werden darf. 1697 wurden im Glarnerland die ersten Kartoffeläcker angelegt. Die Bündner folgten zehn Jahre später. Im Engadin wird die Hackfrucht bis auf eine Höhe von 1900 m angebaut. Den wissenschaftlichen Namen «Solanum tuberosum» verdankt das Nachtschattengewächs übrigens dem Basler Arzt Caspar Bauhin (1560–1624).

www.kartoffel.ch

Hirsegriess-Kürbis-Gratin

«AUFLAUF» IN DER KÜCHE

Kürbisse gehören zu den beliebtesten Herbstgemüsen, die bis weit in den Winter hinein erhältlich sind. Obwohl oder gerade weil ihre unterschiedlichen Eigenaromen dezent sind, lassen sie sich zu wunderbaren kulinarischen Kreationen verarbeiten. Zu den einfachsten Kochmethoden gehören Aufläufe und Gratins. Alles, was es dafür braucht, sind ein paar frische Zutaten. Es können aber auch Fleisch-, Gemüse- und Beilagenreste vom Vortag sein, die in eine feuerfeste Form geschichtet und mit Milch und Eiern übergossen werden. Berufstätige lieben Aufläufe, weil sie vorbereitet werden können und dank Backofen-Timer auf Zeit fertig sind. Der Hirsegriess-Kürbis-Gratin mit Käse, Mandeln, Eiern, Quark und Rahm gehört zu den Deluxe-Gratinrezepten, an dem selbst heikle Gäste nichts zu mäkeln haben.

FÜR 4 PERSONEN 100 g geriebene Mandeln – 100 g geriebener Gruyère – 150 g Rahmquark oder Sauerrahm – 1 dl Rahm – 4 Eier – 120 g Hirsegriess – 700 g Kürbis, eher mehlige/trockene Sorte – 1 EL gehackter Thymian – 1 Msp mittelscharfer Curry – Kräutermeersalz – frisch gemahlener Pfeffer – fein gehackte Mandeln – 2 Salbeizweiglein, Blättchen abgezupft

1. Mandeln, Gruyère, Quark, Rahm, Eier und Hirsegriess verrühren. Kürbis je nach Sorte schälen und entkernen, auf der Röstiraffel dazureiben, gut mischen. 30 Minuten quellen lassen. Thymian und Curry untermischen, mit Salz und Pfeffer abschmecken.
2. Backofen auf 200 °C vorheizen.
3. Hirse-Kürbis-Masse in eine mit Butter eingefettete Gratinform oder in eingefettete Portionenförmchen füllen und mit Mandeln und Salbeiblättchen bestreuen.
4. Das Gratin in der Mitte in den Ofen schieben und bei 200 °C 35 bis 45 Minuten backen. Lauwarm servieren.

VARIANTE Kürbis durch Zucchini ersetzen.

Kürbis

«SCHWEINEFUTTER» FÜR FEINSCHMECKER

Heute werden in der Schweiz ein paar Hundert Sorten angebaut. Angefangen hat der Kürbis-Boom auf dem Juckerhof in Seegräben. 1997 schloss sich der von Martin Jucker geleitete Hof mit dem von seinem Bruder Beat geleiteten Familienbetrieb im Rafzerfeld zusammen. Dort wurden Erfahrungen mit Spezialkulturen gesammelt, so auch mit den damals noch kaum bekannten Kürbissen. Heute werden neben Früchten und weiteren Spezialgemüsearten jedes Jahr über 100 000 Zier- und Speisekürbisse aus eigenen Kulturen geerntet und vermarktet. Zu den Publikumsmagneten auf den Erlebnishöfen von Jucker Farm gehört die originelle Kürbisausstellung im Herbst.
www.juckerfarm.ch

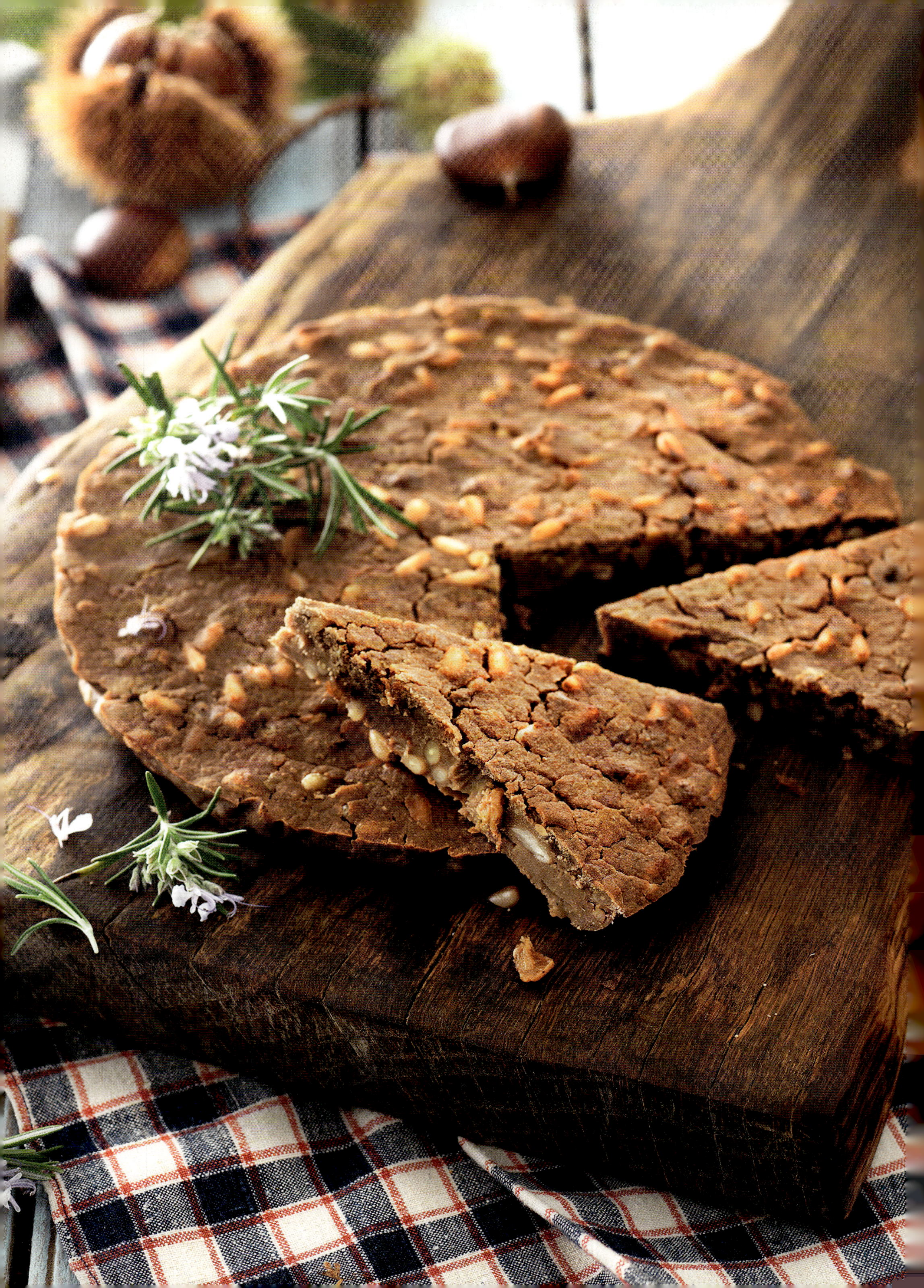

BROT, KUCHEN & GEBÄCK

Appenzeller Käsefladen – 186
Pizza Williams – 188
Spinatwähe – 190
Käse-Karotten-Kuchen – 192
Walliser Cholera – 194
Fricktaler Schinkenpastete – 196
Marronifladen mit Rosmarin – 198
Mandelschnitten mit Konfitüre – 200
Ananas-Kirschtorte – 202
Birnenweggen – 204
Emmentaler Bretzeli – 206
Aargauer Rüeblitorte – 208
Lebkuchen mit Honigmarzipanfüllung – 210
Engadiner Nusstorte – 212
Bienenstich – 214
Zuger Kirschtorte – 216
Zürcher Tirggel – 218
Schnelles Früchtebrot – 220
Butterzopf – 222
Maisbrot nach Landfrauenart – 224

Appenzeller Käsefladen

DIE VIELEN NAMEN DER KÄSEWÄHE

Was den Appenzellern der «Flade», ist den St. Gallern die «Tünne», den Bündnern die «Turta», den Aargauern die «Wäje» und den Bernern der «Chueche». Erstmals tauchte der Name «waye» im Jahr 1556 in Zürich auf. Wähe gab es bei meiner Tante immer dann, wenn sie Brot im Holzbackofen backte. Zuerst kam das Brot in den heissen Ofen. Die Restwärme nutzte sie, um das Mittagessen zu backen: Aus Brotteigresten formte sie runde Böden mit dickem Wulst für den Rand. Sie belegte diese mit einer Kartoffel-Käse-Mischung oder mit Früchten und schloss das Ganze mit einem Guss aus Eiern, Milch und Rahm ab. Mir war die Füllung stets lieber als das «Drumherum». Der Boden war nämlich auf der Innenseite oft noch teigig. An vielen Orten ist der Freitag noch heute «Wähentag» – eine alte Tradition, denn Wähen galten in katholischen Gegenden als Fastenspeise.

FÜR EIN KUCHENBLECH VON 30 CM DURCHMESSER **Geriebener Teig** 250 g Weissmehl – 1 TL Salz – 100 g kalte Butterstückchen – 1 dl Wasser – 3 EL Öl – **Füllung** 2 Eier – 4 dl Rahm – 250 g Appenzeller® Käse Surchoix – 2 EL Mehl – 1 mittelgrosse Zwiebel, klein gewürfelt – frisch gemahlener Pfeffer – frisch geriebene Muskatnuss

1 Für den Teig Mehl und Salz in einer Schüssel mischen, mit der Butter krümelig reiben, Wasser und Öl zugeben, rasch zu einem Teig zusammenfügen. Nicht kneten. Teig zwischen Klarsichtfolien auf Formgrösse ausrollen, in die eingefettete Form stürzen. Mindestens 30 Minuten kühl stellen.

2 Backofen auf 190 °C vorheizen.

3 Für die Füllung Eier und Rahm verquirlen. Appenzeller® Käse auf der Bircherraffel dazureiben, Mehl und Zwiebeln zugeben, gut mischen. Würzen. Auf dem Teigboden verteilen.

4 Käsefladen auf der zweituntersten Schiene in den auf 190 °C vorgeheizten Ofen schieben und 30 bis 40 Minuten backen.

Appenzeller® Käse

DER WÜRZIGSTE IM GANZEN LAND

Um «rässe» Sprüche sind die Appenzeller nie verlegen. Um die Kräutersulz aber, die dem Appenzeller® Käse seinen rezenten Geschmack verleiht, machen sie ein grosses Geheimnis. Man weiss zwar, dass die Beize, mit der die Käselaibe behandelt werden, aus Wein, Hefe, Salz und rund vierzig Gewürzen und Kräutern besteht. Doch bisher hat es niemand geschafft, den Geheimnisträgern das Rezept zu entlocken. Mild, kräftig oder rezent, je nach Reifegrad: Würzig ist er in jedem Fall. Da machen auch unsere nördlichen Nachbarn keinen Bogen drum: Fast die Hälfte der Appenzeller Käseproduktion wird nach Deutschland exportiert. Appenzeller® Käse gehört auf jede Käseplatte. Auch in der warmen Küche macht er seinem Namen alle Ehre, denn was wären typische Appenzeller Gerichte wie «Alte Maa» oder «Appezöller Chäsflade» ohne den würzigen Appenzeller® Käse?
www.appenzeller.ch

Pizza Williams

PIZZA – PURE LEIDENSCHAFT

Noch vor fünfzig Jahren war das Wort Pizza in der Deutschschweiz kaum bekannt. Es sei denn, dass es in der Nachbarschaft oder unter den Arbeitskollegen freundliche Italiener gab, die einen zum Essen einluden. Später, als wir in den Ausgang gingen, gab es bereits kleine italienische Ristoranti. Fasziniert schauten wir zu, wie der Pizzaiolo aus einem Hefeteigklumpen einen dünnen Fladen formte und ihn immer wieder wie einen Frisbee in die Luft warf. Dann kamen Tomatensauce und Mozzarella drauf und ab ging's in den Pizzaofen. Dass das fertige Backwerk nach wenigen Minuten mit charmanten Komplimenten serviert wurde, liess es noch besser schmecken.

FÜR 2 PIZZAS **Pizzateig** 350 g Weiss- oder Ruchmehl – ½ TL Salz – 1 EL Olivenöl – 1 Hefewürfel – ca. 2½ dl lauwarmes Wasser – **Belag** 90 g Crème fraîche – 150 g Schinken, in Streifen – ca. 500 g feste, reife Birnen, vorzugsweise Williams Birnen – 200 g Mozzarella, gehackt – Salz – frisch gemahlener Pfeffer – abgezupfte Thymianblättchen

1 Für den Teig Mehl in eine Schüssel füllen und eine Vertiefung drücken, Salz auf den Rand streuen. Olivenöl über das Mehl träufeln. Zerbröckelte Hefe in die Vertiefung geben. Nach und nach lauwarmes Wasser und Mehl mit der Hefe vermengen und zu einem Teig zusammenfügen. Auf der Arbeitsfläche rund 10 Minuten kräftig kneten. Teig in die Schüssel legen und diese mit einem feuchten Tuch zudecken. Hefeteig mindestens 30 Minuten gehen lassen.
2 Backofen auf 220 °C vorheizen.
3 Pizzateig halbieren, zwei Rondellen von etwa 28 cm Durchmesser ausrollen oder dünn ausziehen. Auf mit Backpapier belegte Bleche legen. Mit Crème fraîche bestreichen. Mit Schinken bestreuen. Birnen schälen, vierteln und entkernen, längs in feine Schnitze schneiden, auf den Teig legen. Mozzarella gleichmässig darauf verteilen. Mit Salz, Pfeffer und Thymian würzen.
4 Pizzas im vorgeheizten Ofen bei 220 °C etwa 20 Minuten backen.

Mozzarella

SCHWEIZER KÜCHE INTERNATIONAL

Was hat Pizza in einem Kochbuch mit Schweizer Rezepten zu suchen? Auf den ersten Blick wenig. Auf die Herkunft der Zutaten bezogen, schon etwas mehr: Die Williams Christbirne ist zwar Engländerin, wird im Wallis aber seit dem 19. Jahrhundert angebaut. Der Mozzarella, der Name sagt's, ist italienischer Abstammung, genau so wie die Pizza. Doch in der Schweiz gehört der Mozzarella längst zu den beliebtesten Frischkäsen, denn er eignet sich hervorragend für die kalte und warme Küche. Allerdings gibt es beim Mozzarella Unterschiede. «Züger Mozzarella»-Spezialitäten (auch in Bio-Qualität) werden aus frischer Schweizer Kuh- oder Büffelmilch hergestellt. Für die Pizza hat der Ostschweizer Milchverarbeiter einen Pizza-Mozzarella entwickelt: Dieser ist gelblich und etwas fester in der Konsistenz als der normale.
www.frischkaese.ch

Spinatwähe

ERSTES FRÜHLINGSGRÜN

Zarter Spinat gehört zu den ersten Frühlingsgemüsen. Gut gibt es den Bauern, bei dem man das am Morgen in aller Herrgottsfrühe frisch geerntete Kraut erhält. Grüne Pflanzen entwickeln kurz vor der Blüte den grössten Reichtum an Vitaminen, Mineralien und weiteren Stoffen, denen hohe Schutz- und Heilwerte zugeschrieben werden. Also ran ans Kraut, bevor es schiesst. Zur Not kommt es aus dem Tiefkühler. Das soll ohnehin die schonendste Konservierungsform für Lebensmittel sein. Der Nährstoffgehalt soll selbst nach längerer Lagerung noch deutlich höher sein als bei Frischprodukten, die einige Tage bei Zimmertemperatur aufbewahrt worden sind. Übrigens: Der Spinat war eines der ersten Tiefkühlprodukte, die Mitte des letzten Jahrhunderts Europa eroberten.

FÜR EINE FORM VON 26 CM DURCHMESSER **Mürbeteig** 200 g Weissmehl – ½ TL Salz – 100 g kalte Butterstückchen – ¾–1 dl Wasser – **Guss** 2 Eier – 2 dl Rahm – Salz – frisch gemahlener Pfeffer – frisch geriebene Muskatnuss – **Belag** 2 EL Olivenöl – 1 kleine Zwiebel, klein gewürfelt – 1 Knoblauchzehe, klein gewürfelt – 1 EL Mehl – 800 g kleinblättriger Spinat – 100 g Speckstreifen

1 Für den Teig Mehl und Salz in einer Teigschüssel mischen, mit Butter krümelig reiben. Wasser nach und nach zugeben, rasch zu einem Teig zusammenfügen. Nicht kneten. Teig zugedeckt 30 bis 60 Minuten kühl stellen, ausrollen. Oder den Teig zuerst zwischen Klarsichtfolien auf Formgrösse ausrollen, in die eingefettete Form stürzen, etwa 30 Minuten kühl stellen.

2 Zwiebeln und Knoblauch im Olivenöl andünsten, mit Mehl bestäuben und mitdünsten. Spinat zufügen und zusammenfallen lassen, in einem Sieb abtropfen und erkalten lassen.

3 Backofen auf 210 °C vorheizen.

4 Speckstreifen und Spinat auf dem Teigboden verteilen. Guss darübergiessen.

5 Spinatkuchen auf der untersten Schiene in den Backofen schieben und bei 210 °C etwa 30 Minuten backen.

Spinat

CHRUUTWÄJE-MONTAG

Kein Zweifel: Wer viel Gemüse isst, ist gesünder. Roh soll es sein oder sanft gegart. Manchmal darf es auch eine saftiggrüne Spinatwähe sein. Schon Popeye, die bekannte Comicfigur, ass Spinat, wenn es darum ging, irgendwelche Heldentaten und Kraftakte zu vollbringen. Dass das Kraut aus der Dose kam, weckte bei unseren Kindern Zweifel an der Wirksamkeit. Sie hatten von der Mutter gehört, dass der Spinat frisch aus dem Garten sein soll. Im Aargau gehört die «Chruutwäje» schon fast zur Nationalspeise. Der Wirt einer kleinen Bauernbeiz, der den Ostermontag traditionell als «Chruutwäje-Mändig» zelebrierte, hatte immer viel Zulauf. Auch wenn der extrem hohe Eisengehalt eine Legende ist, so bringt der Spinat doch gesunde, schnelle Abwechslung in jede Küche.

Käse-Karotten-Kuchen

FASTENSPEISE UND FINGERFOOD

Eines haben Backofenklassiker gemeinsam – in der Regel sind alle Zutaten vorrätig und der Belag erlaubt viel Abwechslung, sie sind gesund und schmecken herrlich. Sowohl die pikanten als auch die süssen Varianten eignen sich als Zwischenmahlzeit oder ergeben mit einem Salat eine Hauptmahlzeit. An vielen Orten in der Schweiz ist der Freitag noch heute «Wähentag» – eine alte Tradition. Die Wähenfüllung enthielt in der Regel kein Fleisch. Deshalb galten diese «Flachkuchen» vor allem in katholischen Gegenden als Fastenspeise. Dass der Brauch bis heute erhalten geblieben ist, selbst wenn die klerikalen Vorschriften dies nicht mehr verlangen, haben wir den Hausfrauen und Bäckereien zu verdanken.

FÜR EINE KLEINE VIERECKIGE ODER EINE RUNDE FORM VON 26 CM DURCHMESSER

400 g Kuchenteig – 1 Ei – 1 Becher Naturjoghurt oder Sauermilch – 200 g Tilsiter – 300 g Karotten – 3 Knoblauchzehen, klein gewürfelt – 1 Prise frisch geriebene Muskatnuss – 1 Prise Salz – frisch gemahlener Pfeffer – 1 TL gemahlene oder zerstossene Korianderkörner – 2 Prisen Thymianpulver

1. Kuchenteig ausrollen und in die eingefettete Form legen, 30 Minuten kühl stellen. Backofen auf 200 °C vorheizen.
2. Tilsiter sehr fein würfeln. Karotten schälen und auf der Röstiraffel reiben. Ei und Joghurt glatt rühren, Tilsiter, Karotten und Knoblauch zufügen, würzen, mischen, auf den Teigboden verteilen.
3. Käse-Karotten-Kuchen auf der zweituntersten Schiene in den Ofen schieben und bei 190 °C etwa 45 Minuten backen.

Tilsiter

NUR ECHT AUS DEM «TILSITERLAND»

Sie sind schnell hergestellt und man isst sie von Hand. Gemäss Albert Spycher, der in seinem Buch «Back es im Öfelin oder in der Tortenpfann» viel Interessantes über «Fladen, Kuchen, Fastenwähen und anderes Gebäck» zusammengetragen hat, ist überzeugt, dass die Wähen ursprünglich ein Produkt aus bäuerlichen Haushaltungen waren. «Wenn am Backtag die Teigreste aus der Backmulde gescharrt wurden, wallte man die so gewonnene ‹Multeschäärete› zu einem Fladen und drückte den Teigrand zu einem Wulst zusammen, damit der Belag nicht auslaufen konnte», schreibt er. Besonders nahrhaft sind Wähen mit Käse, Milch und Rahm. Nicht ganz alltäglich ist die Kombination von Karotten und feinem, in der Ostschweiz hergestelltem Tilsiterkäse.
www.tilsiter.ch

Walliser Cholera

AUS DER NOT ENTSTANDEN

Beim ersten Mal glaubt man, nicht richtig gehört zu haben: Eine Speise mit der Bezeichnung «Cholera», dem Namen für eine Krankheit, die bis ins letzte Jahrhundert auch in der Schweiz immer wieder Tote forderte? Tatsächlich wütete diese durch verunreinigtes Wasser verbreitete Seuche auch im Wallis. Gemäss Überlieferung sollen Ursprung und Name der Oberwalliser «Nationalspeise» auf diese Epidemie zurückzuführen sein. Viel logischer scheint die Erklärung, die Daniel Goldstein in seinem Bericht im «Bund» äusserte: «Dieser währschafte Kuchen hat seinen Namen von den glühenden Kohlen des Herdfeuers, in die die irdene Backform traditionellerweise gebettet wurde.» Wie dem auch sei, eines ist sicher: Der Kartoffel-Zwiebel-Käse-Apfel-Kuchen schmeckt absolut nicht nach «Armeleutespeise».

FÜR EINE SPRINGFORM VON 24 BIS 26 CM DURCHMESSER **Mürbeteig** 300 g Weissmehl – 1 TL Salz – 110 g kalte Butterstückchen –1 ½ dl Wasser – **Füllung** 1 EL Butter – 500 g Lauch – 300 g Simplon- oder Walliser Bergkäse, auf der Röstiraffel gerieben – 500 g Gschwellti vom Vortag, geschält, in Scheiben – 3 Äpfel – Salz – frisch gemahlener Pfeffer – frisch geriebene Muskatnuss – 2 EL Butter – 1 Eigelb, zum Bepinseln

1 Für den Teig Mehl und Salz in einer Teigschüssel mischen, mit Butter krümelig reiben, Wasser zugeben, zu einem Teig zusammenfügen. Zugedeckt 1 Stunde kühl stellen.

2 Grobfasrige Teile beim Lauch entfernen. Stängel in Streifen schneiden, in der Butter knackig dünsten, abkühlen lassen. Äpfel schälen, vierteln, entkernen, in Schnitze schneiden.

3 Backofen auf 200 °C vorheizen.

4 Zwei Drittel des Teigs auf Formgrösse (inklusive 5 bis 6 cm Rand) ausrollen, in die eingefettete Form legen, Zutaten lagenweise in die Form füllen, immer wieder mit Salz, Pfeffer und Muskatnuss würzen. Am Schluss restliche Äpfel und Kartoffeln ziegelartig darauflegen. Restliche Butter schmelzen, Äpfel und Kartoffeln damit bepinseln. Restlichen Teig auf Formgrösse ausrollen, auf die Füllung legen, überlappenden Teig darüberlegen und andrücken. Mit Eigelb bepinseln.

5 Cholera auf der untersten Schiene in den vorgeheizten Ofen schieben und bei 200 °C rund 45 Minuten backen.

Walliser Bergkäse

SIMPLONKÄSE MACHT SICH GUT IN DER CHOLERA

Wer Wallis sagt, meint Wein. Aber auch Käse. Er spielt eine wichtige Rolle beim Cholera-Rezept. Die andern Zutaten dieser süss-pikanten Walliser Spezialität variieren je nach Dorf und eigenen Vorlieben. Noch zu wenig bekannt, aber eine Entdeckung wert, ist der Käse aus dem Bergdorf Simplon an der alten Säumerroute nach Norditalien. Hier, auf fast 1500 m, gibt es ein Dutzend Bauern, die ihre Kühe im Sommer auf der Alpe Simplon weiden lassen. Die Rohmilch wird in der Dorfsennerei zu Walliser Bergkäse verarbeitet, in dessen würzigem Aroma sich die urtümliche Natur konzentriert. Der Käse kann als Hobel-, Schnitt- oder Raclettekäse online bestellt werden. Die Lieferung erfolgt innerhalb von drei bis vier Tagen in der ganzen Schweiz.
www.simplon-kaese.ch

Fricktaler Schinkenpastete

PIKANTE GAUMENSCHMEICHELEI AUS DEM OFEN

Pasteten gehörten bereits im Mittelalter zu den unverzichtbaren Genüssen jeder opulenten Tafel. Die verfeinerten Varianten, die ohne Teighülle in feuerfesten Formen zubereitet werden, verdanken wir den französischen Köchen. Eigentlich handelt es sich bei dieser Fricktaler Spezialität nicht um eine Pastete. Die Farce aus Schinken und Käse wird nämlich mit Mehl gebunden. Zudem sorgt Backpulver dafür, dass die Masse, die in der Cakeform im Ofen gebacken wird, aufgeht und luftig wird. Darum ist es wohl eher ein pikanter Kuchen. Dafür ist die Fricktaler Schinkenpastete, anders als eine echte Pastete, im Handumdrehen fertig. Sie eignet sich als feine Vorspeise, als Hauptmahlzeit oder kann in Würfel geschnitten zum Apéro gereicht werden.

FÜR EINE MITTELGROSSE CAKEFORM 250 g Dinkelweissmehl – 1 TL Backpulver – 250 g Schinken, in Streifen – 200 g geriebener Gruyère – 4 Eier – 1 ½ dl Kaffeerahm – 1 EL Senf – 1 TL Salz – frisch geriebene Muskatnuss – frisch gemahlener Pfeffer – 125 g flüssige Butter

1 Backofen auf 180 °C vorheizen.
2 Mehl, Backpulver, Schinken und Gruyère in einer Schüssel mischen.
3 Eier, Kaffeerahm und Senf verquirlen, würzen mit Salz, Muskatnuss und Pfeffer. Flüssige Butter unterrühren. Eiermasse unter die Mehlmischung rühren. In die eingefettete Cakeform füllen.
4 Schinkenpastete in der Mitte in den vorgeheizten Ofen schieben und bei 180 °C 60 Minuten backen.

Schweizer Brotgetreide

GENUSS UND GESUNDHEIT FÜR ALLE

Brot ist in unserer Kultur das wichtigste Lebensmittel, um die wertvollen Nährstoffe des Getreides verfügbar zu machen. Der Pro-Kopf-Verbrauch von Brotgetreide liegt bei etwa 49 kg, wovon rund 80% durch den Anbau im eigenen Land gedeckt werden. Weizen hat den grössten Anteil. Der Rest entfällt auf Roggen, Dinkel, Grünkern und Emmer. Etwa 400 000 Tonnen inländisches Brotgetreide werden jährlich in Handelsmühlen verarbeitet. Die Mehle werden entsprechend dem Ausmahlungsgrad in vier Sorten eingeteilt. Je höher das Mehl ausgemahlen ist, desto mehr Schalenteile und nährstoffreiche Randschichten weist es auf. Vollkornmehl enthält bis 98% des Korns, Weissmehl bis 25%. Zusätzlich gibt es Spezialmehle, die sich in der Zusammensetzung oder im Verwendungszweck von den Normalmehlen unterscheiden: z. B. Dinkel-, Roggen-, Gersten- oder Fünfkornmehl, ferner Mehl mit Weizenkeimlingen, Körnern, Haferflocken oder Ölsaaten.
www.schweizerbrot.ch

Marronifladen mit Rosmarin

DAS «BROT» DER ARMEN

Vor rund 2000 Jahren hielt die Kastanienkultur im Tessin Einzug. Das milde Klima ermöglichte das Kultivieren des Kastanienbaums bis in höher gelegene Alpentäler. Selbst dort, wo weder Mais noch Brotgetreide gediehen, wuchs der zur Familie der Buchengewächse gehörende Baum prächtig. So wurden die Marroni für die arme Tessiner Bevölkerung zu einem der wichtigsten Grundnahrungsmittel. Der durchschnittliche Jahresverbrauch pro Person lag bis in die erste Hälfte des letzten Jahrhunderts bei 150 Kilogramm. Um die Edelkastanien haltbar zu machen, wurden sie über dem offenen Feuer getrocknet und danach geschält. Das feine Mehl der getrockneten Früchte lässt sich ausgezeichnet zu Fladen und Brot verbacken.

FÜR EIN KUCHENBLECH VON 26 CM DURCHMESSER 250 g Marronimehl (aus rauchgetrockneten Marroni) – ½ TL Salz – 2 EL Olivenöl – 5–7 dl lauwarmes Wasser – 100 g eingeweichte Rosinen – 120 g Pinienkerne – 1 EL gehackte Rosmarinnadeln

1 Backofen auf 180 °C vorheizen. Blech mit Butter einfetten.
2 Marronimehl und Salz mischen, Olivenöl und Wasser zugeben, zu einem glatten Teig rühren (der Teig ist sehr flüssig). Rosinen, Pinienkerne und Rosmarin unterrühren. Teig in die Form füllen.
3 Marroniofladen in der Mitte einschieben und bei 180 °C 30 bis 40 Minuten backen. Nadelprobe machen.

Edelkastanie

CASTANEA SATIVA

Die Edelkastanie zählt zu den ältesten Kulturpflanzen Europas. Wie andere von den Römern mitgebrachte Gewächse gedeiht sie seither auch an klimatisch begünstigten Lagen nördlich der Alpen. Durch die Industrialisierung, welche die wirtschaftlichen und gesellschaftlichen Bedingungen im 19. und 20. Jh. stark veränderte, verloren die Kastanienselven im Tessin an Bedeutung. Die Bäume wurden nicht mehr gepflegt und in der Folge von Krankheiten und Schädlingen bedroht. Zudem weideten in den lockeren Baumbeständen immer mehr Nutztiere, welche die Triebe frassen. Das verhinderte eine natürliche Verjüngung. Seit wenigen Jahrzehnten wird der Erhalt dieses botanischen Kulturerbes wieder stark gefördert. Innovative Leute setzen sich für die Veredlung dieses köstlichen Geschenks der Natur ein.

La Pinca, Kastanienspezialitäten Müllauer, Dübendorf: www.lapinca.ch

Mandelschnitten mit Konfitüre

MANDELSCHNITTEN UND SCHMALSPURBAHN

Für Grossmutters Mandelschnitten nahmen wir in unserer Jugend fast jeden Sonntag einen mehr als drei Kilometer langen Marsch in Kauf. Ihre Mandelschnitten wurden, wie im Rezept, mit selbstgemachter Konfitüre und den damals noch ziemlich teuren Mandeln gebacken. Zum Abschluss tauchte sie die Schnittenenden in flüssige Schokolade. Der Gedanke an diese Leckerei lässt mir noch heute das Wasser im Mund zusammenlaufen. Dass wir den «Grossmutter-Weg» nicht auf der normalen Strasse, sondern auf dem Bahngeleise zurücklegten und von einer Bahnschwelle zur nächsten hüpften, war Programm. Allerdings fuhr die Schmalspurbahn damals höchstens einmal pro Stunde, und bis der nächste Zug kam, waren wir längst über alle Berge.

FÜR EIN GROSSES, RECHTECKIGES BLECH **Butterteig** – 200 g zimmerwarme Butter – 200 g Zucker – 2 Eier – 1 unbehandelte Zitrone, abgeriebene Schale – 300 g Weissmehl – rote Konfitüre, z. B. Sauerkirschen-, Himbeer- oder Erdbeerkonfitüre – **Mandelbelag** 100 g zimmerwarme Butter – 100 g Zucker – 2 Eier – 1 unbehandelte Zitrone, abgeriebene Schale – 400 g geriebene Mandeln – wenig Milch – **Glasur (nach Belieben)** 150 g Puderzucker – 2 EL Zitronensaft

1 Backofen auf 180 °C vorheizen. Backblech mit Backpapier belegen.

2 Für den Teig Butter, Zucker, Eier und Zitronenschale zu einer luftigen, cremigen Masse aufschlagen, Mehl dazugeben und unterrühren. Auf dem Backpapier ausrollen. Mit Konfitüre bestreichen.

3 Für den Mandelbelag Butter, Zucker, Eier und Zitronenschale zu einer luftigen, cremigen Masse aufschlagen. Mandeln unterrühren. So viel Milch zugeben, bis die Masse streichfähig ist. Auf der Konfitüre verstreichen.

4 Blech auf der untersten Schiene in den Ofen schieben, Mandelschnitten bei 180 °C 30 bis 40 Minuten backen. Erkalten lassen.

5 Für die Glasur Zitronensaft mit Puderzucker glatt rühren. Mandelgebäck gleichmässig mit der Glasur überziehen.

Konfitüre

FRUCHTIG UND MIT WENIGER ZUCKER

Es gibt EU-Richtlinien zur Angleichung der Rechtsvorschriften der Mitgliedstaaten für Konfitüren, Marmeladen und Gelees, die 1982 in Deutschland zu einem «Erlass zur Konfitürenverordnung» führten. Wer die Konfitüre selber einkocht, muss diese Vorschriften nicht kennen. Das Rezept «gleich viel Zucker wie Früchte» ist vielen zu süss. Damit der fruchtige Brotaufstrich schnell und unkompliziert gelingt, empfiehlt sich das Bio-Unigel von Biofarm. Das bewährte Produkt enthält als Geliermittel natürliches Apfelpektin. Weil ausgereifte Früchte viel Fruchtzucker enthalten und Unigel auch Bio-Saccharose enthält, braucht es keinen oder nur einen Bruchteil des angegebenen Zuckers. Bio-Unigel ist im Reformhaus, in Drogerien und online erhältlich.
www.biofarm.ch

Ananas-Kirschtorte

SÜSSES HEBT DIE STIMMUNG

Geht's Ihnen auch so? Manche halten sich beim Hauptgericht zurück, dafür schlagen sie beim Dessertbuffet richtig zu. Bill Watterson, Cartoonist und Erfinder der Comicfiguren «Calvin und Hobbes» sagt von sich: Ich bin nicht Vegetarier, ich bin ein «Dessertarier». Während wir uns den Bitter- und Salzgeschmack in den ersten Lebensjahren antrainieren müssen, ist das Verlangen nach Süssem angeboren. Das ist eine Schutzfunktion: Muttermilch schmeckt süss und ist für Babys die erste Nahrungsquelle. Was süss schmeckt, ist in der Regel nicht giftig und enthält viele Kohlenhydrate. Damit ist das besondere Verhältnis vieler Menschen zum Süssen erklärt und deshalb dürfen wir uns auch als Erwachsene ab und zu mit gutem Gewissen ein Dessert gönnen. Beispielsweise diese leckere Kirschtorte mit dem exotischen Ananas-Touch.

FÜR EINE SPRINGFORM VON 26 CM DURCHMESSER **Biskuit** 5 Eier – 120 g Zucker – 1 Prise Salz – 1 unbehandelte Zitrone, abgeriebene Schale – 120 g Weissmehl – **Buttercreme** 7 dl Milch – 1 Beutel Vanillepuddingpulver (zum Kochen) – 3 EL Maisstärke (Maizena) – 1 dl kalte Milch – 100 g weiche Butter – 2 EL Puderzucker – **Torte** 2 EL rote Konfitüre – 8–10 Ananasscheiben – ½ dl Ananassaft, zum Tränken des Biskuits – ½ dl Kirsch, zum Tränken des Biskuits – rote und schwarze eingelegte Kirschen – Schlagrahm – leicht geröstete Mandelblättchen

1 Backofen auf 180 °C vorheizen. Boden der Springform mit Backpapier belegen, Ring mit Butter einfetten.

2 Für das Biskuit Eier, Zucker, Salz und Zitronenschale zu einer luftigen, cremigen Masse aufschlagen, Mehl in Portionen unter die Eiermasse ziehen. Teig in die vorbereitete Form füllen. Biskuit auf der zweituntersten Schiene in den Ofen schieben und bei 180 °C 30 Minuten backen. Auskühlen lassen.

3 Vanillepulver und Maisstärke mit 1 dl Milch glatt rühren. Milch erhitzen, angerührte Creme unterrühren, 2 bis 3 Minuten köcheln lassen. Vanillecreme fast erkalten lassen. Weiche Butter und Puderzucker löffelweise unterrühren.

4 Biskuit aus der Form nehmen, einmal durchschneiden. Biskuitboden auf eine Platte legen und mit der Konfitüre bestreichen, Ring aufsetzen.

5 Ananasscheiben in Stückchen schneiden, auf dem Boden verteilen. Ein Drittel der Vanillecreme darauf verstreichen, Deckel auflegen. Biskuit mit Ananassaft und Kirsch tränken. Restliche Vanillecreme darübergiessen. Mit Ananasstückchen und Kirschen garnieren. Torte kalt stellen. Backring entfernen. Tortenrand mit Schlagrahm bestreichen und mit Mandelblättchen bestreuen.

Kirsch

MAGIE DER LANDSCHAFT IN «HOCHPROZENTIGER» FORM

In keinem anderen Land gibt es pro Einwohner mehr Kirschbäume und nirgends gibt es so viele Kirschensorten wie in der Schweiz. Aus den süssen Früchten alter Hochstammbäume werden edle Brände hergestellt. «Aromatypisch, fruchtig, harmonisch» – so werden die preisgekrönten Edelbrände der Gunzwiler Destillate Urs Hecht AG charakterisiert. In den sortenreinen oder als Lagen-Cuvées erhältlichen Tropfen hat Urs Hecht die Magie der Landschaft eingefangen. Damit führt der Perfektionist eine seit drei Generationen ausgeübte handwerkliche Tradition weiter. Nach mehrjähriger Lagerung und Pflege gelangen die Spezialbrände in limitierter und nummerierter Auflage in den Verkauf. Und wir machen es wie unsere Grossmütter: Das Biskuit oder die Creme wird mit einem «Gutsch» Kirsch aromatisiert.
www.gunzwiler-destillate.ch

Birnenweggen

BIRNENWEGGEN ODER BIRNBROT?

Früchte zu trocknen, ist ein uraltes Verfahren. Auch das Früchtebrot kennt man schon lange: Aus Mesopotamien, der Wiege der ersten Hochkultur der Menschheitsgeschichte, sind mehr als 300 unterschiedliche Rezepte überliefert. Auch am Konstanzer Konzil vor 600 Jahren dürften die kirchlichen Würdenträger die Stunden zwischen den Mahlzeiten wohl nicht nur mit Dörrfrüchten, sondern mit Früchtebroten und Birnenweggen überstanden haben. Wobei diese beiden Gebäcke über Jahrhunderte eher auf dem Lande bekannt waren und der Weihnachtszeit zugeordnet wurden. Was ist der Unterschied zwischen Birnenweggen und Birnbrot? Beim Weggen wird eine feine Füllung hergestellt, auf den ausgerollten Teig gestrichen und das Ganze gerollt. Die Birnbrotmasse ist gröber und kompakt und wird zuletzt mit Teig umwickelt.

FÜR 3 WEGGEN 600 g Weissmehl – 1 TL Salz – 1 TL Zucker – 120 g weiche Butter – 30 g Hefe – 3 dl lauwarme Milch – **Füllung** 900 g Dörrbirnen – 400 g Dörrzwetschgen oder je 200 g Dörrzwetschgen und Dörräpfel – 100 g Feigen – 250 g Baumnüsse, grob gehackt – 200 g Rosinen – 3 EL Birnendicksaft – 4–5 EL Birnbrotgewürz – 1 Glas Kirsch – 1 Ei, getrennt (Eigelb zum Bestreichen)

1 Dörrfrüchte über Nacht in reichlich Wasser einweichen.

2 Hefe in der lauwarmen Milch auflösen. Mehl, Salz und Zucker in einer Schüssel mischen, Butter und Hefeflüssigkeit zugeben, zu einem elastischen Teig verarbeiten. Teig bei Zimmertemperatur zugedeckt auf das doppelte Volumen aufgehen lassen.

3 Dörrfrüchte in der Flüssigkeit bei mittlerer Hitze etwa 20 Minuten kochen, bis die Früchte weich sind, in ein Sieb abgiessen, Flüssigkeit auffangen. Früchte durch den Fleischwolf drehen oder mixen. Restliche Zutaten ohne Ei unterrühren. Die Füllung eventuell mit wenig Einweichwasser der Dörrfrüchte verdünnen.

4 Backofen auf 180 °C vorheizen.

5 Hefeteig in drei Portionen teilen, 3 mm dick ausrollen. Füllung auf dem Teig 1 cm dick verstreichen, rundum einen 2 cm breiten Rand frei lassen und diesen mit dem leicht verquirlten Eiweiss bepinseln. Ränder auf der Schmalseite nach innen einschlagen, mit Eiweiss bepinseln. Teig einrollen, Ränder andrücken. Weggen auf das Blech legen. Oberfläche der Weggen mit Eigelb bepinseln. Mit einer Gabel eine Zeichnung machen. Weggen einige Male einstechen.

6 Backblech in der Mitte in den Ofen schieben, Birnenweggen bei 180 °C 30 bis 45 Minuten backen.

Trockenfrüchte

DAS BESTE DER FRÜCHTE IN GETROCKNETER FORM

Im Thurgauer Birnenweggen ist ein gehaltvolles Trockenfrüchtespektrum vereinigt: Süsse Birnen, säuerliche Zwetschgen, Äpfel und kernige Baumnüsse. Diese stammen von Obstbäumen, die sorgsam gehegt werden. «Öpfelfarm» ist der Name des auf die Veredelung von Früchten spezialisierten Betriebs von Monika und Roland Kauderer. Ihr Kerngeschäft ist die Herstellung von Trockenfrüchten aus erstklassigem, lokal produziertem Obst. Damit die wertvollen Vitalstoffe nicht durch die Hitze zerstört werden und die Früchte ihr Aroma behalten, werden sie ohne Ascorbinsäure bei weniger als 40 Grad getrocknet. Die mit der Kulinarium-Krone 2013 ausgezeichneten Produkte, die Kenner am liebsten selbst geniessen oder guten Freunden verschenken, sind im Öpfelfarm-Hofladen in Steinebrunn und zum Teil auch online erhältlich. www.oepfelfarm.ch

Emmentaler Bretzeli

DAS BESSERE VOM GUTEN UNTERSCHEIDEN

Sie machen süchtig, die Emmentaler Butterbretzeli. Sie sind gerade richtig in der Grösse, nicht zu süss, wunderbar buttrig, golden gebacken und knusprig. Perfekt für die kleine Lust nach Süssem. Oder um sie zu verschenken und Freude zu bereiten. Meine Grossmutter stellte sie noch auf dem Holzherd in einer schweren Gusseisenform her, die ins Pfannenloch passte. Den flüssigen Teig goss sie auf das heisse Eisen und klappte den Deckel zu. Den richtigen Zeitpunkt zum Wenden hatte sie im Gespür; so bekamen die Bretzeli nicht zu viel Hitze. Welch ein Fest, wenn wir die ersten «Versuecherli» bekamen. Trocken und kühl gelagert, können Butterbretzeli ein paar Wochen aufbewahrt werden. Allerdings erreichen diese süssen Köstlichkeiten das «Verfalldatum» wohl nur ausnahmsweise.

FÜR 80 BRETZELI 250 g weiche Butter – 250 g Zucker – 4 Eier, verquirlt – 1 unbehandelte Zitrone, abgeriebene Schale – 1 Prise Salz – 500 g Weissmehl

1. Butter und Zucker zu einer cremig-luftigen Masse aufschlagen. Verquirlte Eier, Zitronenschale und Salz unterrühren. Mehl in Portionen zugeben. Zu einem gleichmässigen Teig zusammenfügen. In Klarsichtfolie einwickeln. 1 Stunde kühl stellen.
2. Je Bretzeli etwa 15 g Teig portionieren und gemäss Beschrieb des Bretzelieisen-Herstellers backen.

Bretzeli

EINE BUTTRIG-SÜSSE EMMENTALER SPEZIALITÄT

Die Vorläufer der Bretzeli haben eine über tausendjährige Geschichte. Der älteste Hinweis auf das bekannteste Emmentaler Gebäck datiert aus dem Jahre 1373. In einer anderen bernischen Urkunde aus der Zeit um 1500 wurde per Gesetzeserlass vorgeschrieben, dass sie nur in der Weihnachtszeit hergestellt und verkauft werden durften. Oscar R. Kambly, ein junger Emmentaler Bäcker, hatte das heute noch gültige Originalrezept von seiner Grossmutter erhalten. Damit begründete er 1906 eine Tradition, die zum innovativen Unternehmen wurde, das heute in dritter Generation geführt wird. Nicht nur die Schweizer lieben Kambly Biscuitspezialitäten – mehr als fünfzig Prozent werden exportiert!
www.kambly.com

Aargauer Rüeblitorte

DES AARGAUERS LIEBSTES GEBÄCK

Wenn die Aargauer Regierung Gäste einlädt, gehört die Rüeblitorte, zusammen mit dem Aargauer Zwetschgenbraten, zum kulinarischen Standardprogramm. Auch beim Kaffeeklatsch und an Geburtstagen zählt die Rüeblitorte zu den beliebtesten Desserts. Kein Wunder: Die Kombination von süssen, saftigen Rüebli, geriebenen Haselnüssen oder Mandeln, frischen Eiern und Gewürzen gibt ein aromatisches Gebäck, das lange feucht bleibt und mit jedem Tag besser wird. Rüebli wurden sicher schon früher nicht nur im «Rüeblikanton» angebaut und Rüeblitorten wohl auch in anderen Kantonen gebacken. Doch für einmal waren die Aargauer schneller und deklarierten das 1892 erstmals in der gedruckten Rezeptsammlung der Haushaltungsschule Kaiseraugst erschienene Rezept als typisches Aargauer Produkt.

FÜR EINE SPRINGFORM VON 24 CM DURCHMESSER 250 g Zucker — 5 Eigelbe — 1 Prise Salz — ½ unbehandelte Zitrone, abgeriebene Schale und Saft — 1 Prise Nelkenpulver — 1 Msp Zimtpulver, nach Belieben — 250 g Karotten, geschält, auf der Bircherraffel gerieben — 250 g geriebene Haselnüsse — 60–100 g UrDinkel-Weissmehl — 1 EL Backpulver — 5 Eiweiss — **Glasur** 200 g Puderzucker — 1 EL Zitronensaft oder Kirsch — 1 EL leicht verquirltes Eiweiss oder Wasser

1 Rand der Springform mit Butter einfetten, Boden mit Backpapier belegen.

2 Zucker, Eigelbe und Salz mit dem Schneebesen luftig aufschlagen. Zitronenschale und Zitronensaft, Gewürze und Karotten unterrühren.

3 Haselnüsse, Mehl und Backpulver mischen.

4 Eiweiss zu Schnee schlagen.

5 Eischnee und Mehlgemisch lagenweise unter die Eigelbmasse ziehen. In die Form füllen.

6 Rüeblitorte auf der untersten Schiene in den kalten Backofen schieben und bei 180 °C 50 bis 60 Minuten backen. 10 Minuten in der Form ruhen lassen, Ring entfernen, Kuchen auf eine Platte stürzen und das Backpapier entfernen. Auskühlen lassen.

7 Für die Glasur Puderzucker in eine Schüssel sieben, Zitronensaft und Eiweiss zufügen, mit der Holzkelle rühren, bis die Masse gleichmässig glatt ist und den Löffel überzieht. Glasur auf die Torte giessen und Oberfläche und Rand durch Hin- und Herbewegen damit überziehen.

VARIANTE Auf eine Glasur verzichten. Stattdessen die Rüeblitorte mit Puderzucker bestäuben und mit einigen Marzipanrüebli garnieren.

UrDinkel

VON NATUR AUS EIN ÖKOGETREIDE

Schon Hildegard von Bingen pries den Dinkel als bestes Getreide: kräftigend, frohmachend und verträglicher als andere Körner. Er gehört zwar nicht zu den ältesten Arten. Doch in 4000 Jahren hat sich wenig an seiner natürlichen Genetik geändert. Bis der Dinkel Anfang des letzten Jahrhunderts vom ertragreicheren und einfacher zu verarbeitenden Weizen verdrängt wurde, gehörte er zu den wichtigsten Grundnahrungsmitteln in der Schweiz. Dem weitsichtigen Aargauer Landwirt und Nationalrat Karl Steiner ist es zu verdanken, dass der Dinkel nicht ganz verschwunden ist. Durch eine gezielte Auslese von alten Schweizer Landsorten entwickelte er um 1910 das Oberkulmer Rotkorn. Diese unverfälschte, nicht mit Weizen gekreuzte Schweizer Dinkelsorte und Ostro, eine Kreuzung von Rotkorn und Rotem Tiroler, werden von der 1995 gegründeten IG Dinkel unter dem Label UrDinkel vermarktet.
www.urdinkel.ch

Lebkuchen mit Honigmarzipanfüllung

MIT MANDELMASSE GEFÜLLTE PFEFFERKUCHEN

Vor allem in der Adventszeit umschmeicheln uns die süssen, aromatischen Gewürzdüfte. Das Appenzeller Biberli jedoch hat das ganze Jahr Saison und wird genauso gern zum Znüni wie zum Dessert gegessen. Die lange haltbaren Lebkuchengebäcke waren bereits im Mittelalter bekannt und wurden meistens in den Klöstern gebacken. In verfeinerter Form und mit einer Mandelmasse gefüllt, kennt man sie in der Schweiz erst seit rund 200 Jahren, wie Kochbücher aus St. Gallen belegen. Das hat mit der industriellen Gewinnung von Zucker aus heimischen Runkelrüben zu tun, denn Rohrzucker aus Indien und von der Karibik war vorher genauso kostbar wie die exotischen Gewürze, die zum Biberli gehören. Heute können alle Zutaten jederzeit problemlos beschafft werden: Einem «Probelauf» als Biberli-Bäckerin steht also nichts im Weg.

Lebkuchenteig 500 g Dinkelruchmehl – 2 EL Lebkuchengewürz – 1 Bio-Orange, abgeriebene Schale – 90 g Rohrohrzucker – 1½ TL Natron – 1½ dl warme Milch – 250 g dickflüssiger Honig **Honigmarzipan-Füllung** 100 g Mandeln – 10 g Bittermandeln (Reformhaus) – 70 g heller Honig – 1 EL Rosenwasser (Drogerie / Reformhaus)

1 Für den Marzipan Mandeln mit kochendem Wasser überbrühen, kalt abschrecken. Aus der Schale drücken. Trocknen lassen. Alle Zutaten für die Füllung im Cutter zu einer feinen Masse verarbeiten. In einem Glas mit Schraubverschluss aufbewahren.

2 Für den Teig Mehl, Lebkuchengewürz, Orangenschale und Zucker mischen. Natron in wenig warmer Milch auflösen und zum Mehl geben. Restliche Milch und Honig unterrühren, einen geschmeidigen Teig kneten, eventuell braucht es noch etwas Mehl. Teig in Klarsichtfolie einwickeln. 1 Stunde ruhen lassen.

3 Teig 6 mm dick ausrollen, beliebige Formen ausstechen oder schneiden. Marzipan 3 mm dick ausrollen, 1 cm kleiner ausstechen / ausschneiden als den Teig. Auf den Teig legen. Teigrand mit Wasser bepinseln, zweites Teigstück darauflegen, Rand gut andrücken.

4 Gefüllte Lebkuchen im vorgeheizten Ofen bei 200 °C 15 bis 20 Minuten backen.

Lebkuchen

HONIG IM TEIG UND IN DER FÜLLUNG

Honig ist im Lebkuchen und insbesondere in der Füllung unverzichtbar. Für den aromatischen Lebkuchenteig kann auch der dunkle Waldhonig – in der Fachsprache Honigtauhonig – mit dem würzigen, malzähnlichen Aroma verwendet werden. Waldhonig ist meist flüssig, weil er viel langsamer kristallisiert als Blütenhonig. Für den Waldhonig sammeln die Bienen nicht Nektar aus Blüten (für Blütenhonig), sondern zuckerhaltige Ausscheidungen von pflanzensaugenden Insekten, welche die eigentlichen Honigtauerzeuger sind. Honigtau finden die Bienen bei den Nadelbäumen, wie Rot- und Weisstanne, Kieferarten und Lärche. Bei den Laubbäumen sind es Linde, Ahorn und Eiche. Die Honigmarzipan-Füllung mit Blütenhonig gibt einen schönen aromatischen Kontrast zum Lebkuchen mit Waldhonig.

Engadiner Nusstorte

EINE AROMASTARKE KÖSTLICHKEIT AUF DEM DESSERTTELLER

Baumnüsse gehören zur Vielfalt des herbstlichen «Erntedankfests». Die Engadiner Nusstorte aber ist das ganze Jahr begehrt. Allerdings war sie ursprünglich keine einheimische Spezialität. Wie sollte sie auch? Im Bündner Hochtal wachsen keine Nussbäume. Die köstliche Kalorienbombe ist Aushängeschild vieler Bündner Bäckereien. Das exquisite Mürbeteiggebäck mit dem karamelligen Innenleben aus grob gehackten Baumnüssen und Honig zeichnet sich durch seine lange Haltbarkeit aus. Im Kühlschrank aufbewahrt, schmeckt sie auch nach zwei Monaten noch frisch wie am ersten Tag.

FÜR EINE SPRINGFORM VON 26 CM DURCHMESSER **Mürbeteig** 150 g weiche Butter – 150 g Zucker – 1 Ei – ½ Eigelb – 1 unbehandelte Zitrone, abgeriebene Schale – 350 g Weissmehl – 1 Eigelb, wenig Wasser – **Füllung** 2½ dl Rahm – 50 g Honig – 250 g Zucker – 250 g Baumnüsse, grob gehackt

1. Für den Mürbeteig Butter, Zucker, Ei, Eigelb und Zitronenschale glatt rühren, Mehl dazusieben, zu einem glatten Teig zusammenfügen, nicht kneten. Teig 60 Minuten zugedeckt kühl stellen.
2. Rahm leicht erwärmen, Honig unterrühren. Zucker in einer Gusseisenpfanne hellbraun karamellisieren, mit dem Honig-Rahm ablöschen, Nüsse zufügen.
3. Boden der Springform mit Backpapier belegen, Rand mit Butter einfetten. Backofen auf 200 °C vorheizen.
4. Mürbeteig in 3 gleich grosse Portionen teilen, eine Portion auf dem Boden der Springform ausrollen. Ring aufsetzen. Aus der zweiten Teigportion für den Rand eine Rolle formen, in die Form legen und andrücken, leicht hochziehen, Rand mit verdünntem Eigelb bepinseln. Füllung in die Form füllen. Für den Deckel restlichen Teig rund ausrollen, mit einer Gabel einige Male einstechen, auf die Füllung legen und sanft andrücken, Deckel mit Eigelb bepinseln.
5. Engadiner Nusstorte in der Mitte in den Ofen schieben und bei 200 °C 30 Minuten backen.

Nusstorte

WER HAT SIE ERFUNDEN?

Die «Tuorta da nusch engiadinaisa» gehört zum Engadin wie der Bernina-Express. Unterschiedliche Geschichten kursieren über die Herkunft der «berühmtesten Engadinerin» und darüber, welches das Originalrezept ist. Doch egal, ob es sich um ein altes Familienrezept, das «Heimkehrer-Rezept» eines in Toulouse hergestellten «Gâteaux aux noix» oder die Kreation eines nach Chur ausgewanderten Thurgauer Confiseurs handelt, die Torte hat bis heute durchschlagenden Erfolg und wird in alle Welt exportiert. Von Kennern wird das nahrhafte Gebäck des alteingesessenen Confiseriegeschäfts Hauser in St. Moritz als eines der besten gepriesen. Wie die Engadiner Nusstorte gehören die Vorfahren des Traditionsunternehmens zu den «Zugezogenen» – 1892 von Deutschland nach Zürich und 1954 nach St. Moritz.
www.schoggishop.ch

Bienenstich

IMMER EINE SÜNDE WERT

Diesen «Bienenstich» lässt man sich gern gefallen: Es geht um das flache Hefegebäck mit dem feinen Nussbelag. Trotzdem ist es nicht selbstverständlich, dass Merishausen, ein hübsches kleines Dorf im Schaffhausischen, mit dieser süssen, ursprünglich aus Deutschland kommenden Spezialität in die Annalen des «Kulinarischen Erbes der Schweiz» eingegangen ist. Zu verdanken hat sie das zwei Besonderheiten: der langen Teigführung und dem Guss, der aus viel Honig, gehackten, geschälten Mandeln und Butter besteht. Anders als bei der Herstellung des herkömmlichen Bienenstichs, wie man ihn im deutschen Sprachraum kennt, besteht die Kunst darin, dass der Honig karamellisiert und eine Kruste bildet und der Hefeteig trotzdem aufgeht.

FÜR EIN GROSSES RECHTECKIGES BACKBLECH **Hefeteig** 600 g Weissmehl – 40 g Hefe – 1 EL Blütenhonig – 2 TL Salz – 3½ dl lauwarmes Wasser – 60 g flüssige Butter – **Belag** 150 g geschälte Mandeln, grob gehackt – 150 g Butter – 150 g Blütenhonig – 3 EL Rahm – 1 unbehandelte Zitrone, abgeriebene Schale – 1 TL Zimtpulver

1 Mehl in eine Teigschüssel geben. Hefe, Honig und Salz im Wasser auflösen und zum Mehl geben, zu einem Teig zusammenfügen, 10 Minuten kräftig kneten, am besten mit der Küchenmaschine. Hefeteig zugedeckt 15 bis 20 Minuten gehen lassen. Flüssige Butter unter den Teig arbeiten. Die Butter macht den Teig geschmeidiger.

2 Backofen auf 200 °C vorheizen. Backblech mit Butter einfetten.

3 Für den Belag Butter und Honig erwärmen, bis beides flüssig ist, Mandeln, Rahm, Zitronenschale und Zimt unterrühren.

4 Hefeteig mit einem kleinen Teigroller direkt im Blech ausrollen. Mandelmasse darauf verstreichen.

5 Bienenstich in der Mitte in den Ofen schieben und bei 200 °C 30 Minuten backen.

Bienenstich

EINE SÜSSE SCHLACHT

In der deutschen Küche gilt der Bienenstich als Klassiker. Seinen Ursprung hat das seit mehr als 500 Jahren bekannte Gebäck in Andernach am Rhein. Die Legende erzählt, dass zwei Bäckerjungen die Bienenstöcke auf der Stadtmauer plündern wollten. Doch ausgerechnet in jener Nacht standen die Linzer vom gegenüberliegenden Rheinufer vor den Stadttoren und wollten sich an den Andernachern rächen. Geistesgegenwärtig verzichteten die beiden Burschen auf den Honig und warfen die Bienenstöcke auf die Angreifer, die von den Bienen in die Flucht geschlagen wurden. Das Gebäck soll in Erinnerung an diese Heldentat kreiert worden sein.

Zuger Kirschtorte

HOCHSTEHENDE TORTENKUNST

Wer einmal davon gekostet hat, der will mehr. Die Zuger Kirschtorte ist eine raffinierte Kombination von irdischer Bäckerkunst und «himmlischem» Destillat aus süssen Zuger Kirschen. Sie besteht aus zwei Japonaisböden und einem Biskuit, das tüchtig mit Kirschsirup getränkt wird. Damit er nicht ausläuft, wird das Biskuit von der Buttercrème «flankiert». Geröstete Mandelblättchen am Tortenrand und eine Puderzuckerschicht im Rautenmuster bilden den Abschluss. Mit dieser gehaltvollen Torte, die zur hohen Backkunst zählt, kann man sogar bei Männern punkten, die nicht unbedingt auf Süsses stehen. Im Inventar des «Kulinarischen Erbes der Schweiz» wird die seit bald hundert Jahren hergestellte Torte als wichtiges Zuger Kulturgut aufgeführt.

FÜR EINE SPRINGFORM VON 24–26 CM DURCHMESSER **Japonais** 3 Eiweiss – 150 g Zucker – 1 Prise Vanillezucker – 100 g geriebene Mandeln **Biskuit** 4 Eigelbe – 3 EL Wasser – 70 g Zucker – 50 g Weissmehl – 75 g Maisstärke – 1 TL Backpulver – 1 Eiweiss – 30 g Zucker **Füllung** 30 g Maisstärke – 2½ dl Milch – 75 g Zucker – 2 EL Gelee – 1 TL Vanillezucker – 150 g weiche Butter **Sirup** 1 dl Wasser – 60 g Zucker – 1 dl Kirsch **Garnitur** 80 g Mandelblätttchen, leicht geröstet – Puderzucker

1. Für das Japonais 2 Papierrondellen ausschneiden, etwas grösser als die Form, auf Bleche legen. Eiweiss halb steif schlagen, Zucker und Vanillezucker zugeben, zu Schnee schlagen, Mandeln unterziehen. Mandelmasse auf Backpapieren verstreichen. Im vorgeheizten Ofen bei 100 °C rund 90 Minuten trocknen lassen.

2. Rand der Springform einfetten, Boden mit Backpapier belegen. Für das Biskuit Eigelbe, Wasser und Zucker luftig-cremig aufschlagen. Mehl, Maisstärke und Backpulver dazusieben, unterrühren. Eiweiss mit Zucker steif schlagen, unterziehen. In die Form füllen. Im vorgeheizten Ofen bei 180 °C 25 Minuten backen.

3. Für die Füllung Maisstärke mit 2 bis 3 EL Milch glatt rühren. Restliche Milch erhitzen, angerührte Maisstärke und Zucker zugeben, unter Rühren aufkochen und köcheln, bis die Creme bindet, Konfitüre unterrühren. Creme unter Rühren erkalten lassen. Vanillezucker unterrühren. Butter löffelweise unterschlagen.

4. Japonaisboden auf eine Tortenplatte legen, ¼ der Buttercreme darauf verstreichen. Biskuit darauflegen, mit Kirschsirup beträufeln. ¼ der Buttercreme darauf streichen. 2. Japonaisboden darauflegen. Restliche Creme auf Rand und Oberfläche auftragen. Mandelblättchen an den Rand drücken. Mit Puderzucker bestäuben.

Traditionsprodukte

EIN STÜCK KULINARISCHES ZUGER KULTURGUT

Es gibt Hobbybäckerinnen, welche die Zuger Kirschtorte selbst backen. Persönlich halte ich mich lieber an das fertige Original aus Zug. Erfunden wurde diese weltbekannte Spezialität nicht im Familienbetrieb Speck, sondern von Karl Höhn. Dafür dürfte die heute in 4. Generation geführte Confiserie Speck zu den ältesten noch existierenden Bäckereien/Konditoreien in Zug gehören. Und Karl K. Speck, der Sohn des Firmengründers, war der Erste, der 1945 in Zug ein Tearoom eröffnete. Zu Specks Traditionsprodukten, die in die ganze Welt verschickt werden, gehört die Zuger Kirschtorte, die heute noch mit grossem Erfolg und mit der gleichen handwerklichen Leidenschaft hergestellt wird wie zur Zeit unserer Urgrossväter.
www.speck.ch

Zürcher Tirggel

ESSBARE BILDERKUNST

Er muss hart sein – darum wird der Tirggel bei 300 °C gebacken. Ein Blickfang auf dem typischen Zürcher Honiggebäck sind die vielseitigen Bildmotive – es hat wahre Kunstwerke darunter. Der Tirggel gehört zu jenen Süssigkeiten, die nicht in rauen Mengen verspeist werden. Vielmehr ist er ein Genussmittel, der das geschmackliche Sensorium anspricht: Biss für Biss entfaltet er seine «inneren», von Honig und aromatischen Gewürzen bestimmten Werte. Der Tirggelbäcker Heinrich Honegger empfiehlt, das Honiggebäck am Vortag fertig herzustellen. Damit es antrocknen kann und beim Backen nicht verläuft, wird es über Nacht stehen gelassen. Vom Einsatz von Backtrennpapier rät er ab, da es sich bei der hohen Hitze entzünden könnte.

---

230 g Honig – 50 g Puderzucker – je ½ TL Zimt-, Nelken-, Ingwer-, Koriander- und Anispulver – 1 EL Rosenwasser – 350 g Weissmehl – Öl, zum Bepinseln

1 Honig, Puderzucker, Gewürze und Rosenwasser in eine Schüssel geben und im Wasserbad erhitzen, bis sich die Zuckerkristalle aufgelöst haben, auskühlen lassen. Mehl nach und nach unterrühren und zu einem glatten Teig zusammenfügen. Teig in Klarsichtfolie einschlagen und bei Zimmertemperatur über Nacht stehen lassen.

2 Backblech leicht einfetten und mit Mehl bestäuben (kein Backpapier verwenden, weil sich das Papier bei einer Temperatur von 300 °C entzünden kann).

3 Teig auf bemehlter Arbeitsfläche 2 mm dick ausrollen. Model mit wenig Öl bepinseln (vor jedem Gebrauch wiederholen), ausgerollte Teigstücke in der Grösse des Models darauflegen und gut andrücken. Je gleichmässiger das Model in den Teig gedrückt wird, desto plakativer wird das Bild. Teig sorgfältig ablösen, Rand nach Belieben geradeschneiden. Auf das vorbereitete Blech legen. Über Nacht ruhen lassen.

4 Backofen auf 300 °C Oberhitze vorheizen.

5 Tirggel auf der obersten Schiene in den vorgeheizten Ofen schieben und 2 Minuten backen.

Bildgebäck

VOM KULT- UND HEILGEBÄCK ZUM GENUSSMITTEL

Bildgebäck gab es schon in den antiken Hochkulturen. Im Mittelalter erhielt das mit Gewürzen angereicherte Backwerk im Zusammenhang mit religiösen Bräuchen eine besondere Bedeutung und wurde auch als Heilmittel gegen körperliche und seelische Leiden eingesetzt. Später hatte das Gebäck den Status einer Näscherei, die sich nur reiche Leute leisten konnten. Honigkuchen kennt man in vielen Regionen. Der Tirggel aber ist eine typische Zürcher Spezialität, die bis zur Aufhebung der Zunftherrschaft (1840) ausschliesslich von der städtischen Bäckerzunft hergestellt werden durfte. Heute wird das Gebäck meist industriell hergestellt. Die alten Model sind aus Holz geschnitzt. Beliebte Sujets sind Bibelszenen, Wappen, Szenen aus dem Alltag, aus dem bäuerlichen Leben, Natursujets usw.

Schnelles Früchtebrot

DIE INNEREN WERTE ZÄHLEN

Trockenfrüchte sind Bestandteil vieler traditioneller Speisen. Kuchen und Gebäck verleihen sie eine natürliche Süsse und ein fruchtiges Aroma. Im Alpenraum war es bis ins letzte Jahrhundert Tradition, Getreide und teure Produkte mit gedörrten Birnen oder Äpfeln zu strecken. So entstand auch das Früchtebrot. Es galt lange Zeit als typisches Advents- und Neujahrsgebäck. Bei den Früchten und Nüssen darf variiert werden. Es schmeckt wunderbar zu Kaffee und Tee. Es kann aber auch mit Wein und Käse oder Trockenfleisch kombiniert werden. Nicht zuletzt eignet es sich als nahrhafter Rucksackproviant auf Bergtouren, denn es bleibt lange saftig und ist immer ein Genuss.

FÜR EINE CAKEFORM VON 30 CM LÄNGE 130 g Blütenhonig – 4 Eier – 180 g Dinkel- oder Weizenvollkornmehl – 1 TL Backpulver – 2 TL Zimtpulver – 180 g grob geriebene oder gehackte Mandeln – 200 g getrocknete Früchte (Zwetschgen, Äpfel, Birnen, Aprikosen), grob zerkleinert – 350 g Weinbeeren – 100 g Orangeat, fein gehackt – 130 g entsteinte Datteln, fein gehackt

1 Backofen auf 160 °C vorheizen. Cakeform mit Butter einfetten.
2 Honig und Eier luftig aufschlagen, das dauert etwa 10 Minuten. Mehl, Backpulver und Zimt unterrühren, Nüsse und Früchte unterrühren. Teig in die Form füllen.
3 Früchtebrot in der Mitte in den Ofen schieben und bei 160 °C 1 Stunde backen. Auskühlen lassen. Früchtebrot in Alufolie einpacken und ein paar Tage ruhen lassen.
TIPP Das Früchtebrot ist eine ideale Zwischen- oder Pausenverpflegung für Schulkinder.

Trockenfrüchte

WAS ES MIT DER FARBE AUF SICH HAT

Wenn Trockenfrüchte wie Aprikosen, Apfelringe, Birnen & Co. eine schöne frische Farbe haben, sind sie vor dem Trocknen mit Schwefeldioxid behandelt worden (muss bei über 50 mg/kg Dörrobst auf der Verpackung deklariert werden). Bei Pflaumen/Zwetschgen ist das nicht augenfällig. Geschwefelt wird bei konventionellem Dörrobst allgemein zum Schutz gegen Schädlinge. Schwefelungen können Kopfschmerzen und allergische Reaktionen auslösen. Auch das Begasen zum Abtöten von Eiern und Larven der Dörrobstmotte ist nicht unbedenklich und muss deklariert werden. Spuren von Gas bleiben am Dörrobst haften; das Gas begünstigt Allergien, Nervenkrankheiten, ja sogar Krebs. Wer kein Risiko eingehen will, kauft Bio-Trockenfrüchte.

Butterzopf

EIN KÖSTLICHER «ALTER» ZOPF

«Neben den Käse stellte sie die mächtige Züpfe, …, geflochten wie die Zöpfe der Weiber, schön braun und gelb, aus dem feinsten Mehl, Eiern und Butter gebacken … », so beschreibt Jeremias Gotthelf, was im Emmental an einer Kindstaufe aufgetischt wurde. Dr. Max Währen, eine Schweizer Kapazität auf dem Gebiet der Brotforschung, vermutet, dass der Butterzopf eine Erfindung der Bäckerzünfte war, die sich im 13. Jahrhundert bildeten. Der aus drei bis sechs Strängen geflochtene Zopf galt bis ins letzte Jahrhundert als Fest- und Sonntagsgebäck. Unter anderem war es üblich, den Patenkindern zu Weihnachten oder Neujahr eine «Ankezüpfe» zu schenken, in der je nach Reichtum oder Grosszügigkeit der Paten eine Münze aus Gold oder Silber steckte. Zum Sonntagszmorge ist der Butterzopf in vielen Familien noch heute obligatorisch.

---

500 g Zopf- oder Weissmehl – 10 g Salz – 3 dl Milch – 10 g Hefe – 50 g weiche Butter – 1 Eigelb, zum Bepinseln

1. Hefe in der Milch auflösen.
2. Mehl und Salz mischen, Milchhefe und Butter zugeben, zu einem glatten, geschmeidigen Teig kneten. Teigschüssel mit einem feuchten Tuch zudecken, Hefeteig bei Zimmertemperatur auf das doppelte Volumen aufgehen lassen.
3. Backofen auf 220 °C vorheizen.
4. Zopfteig in zwei gleich grosse Portionen teilen, zwei 50 bis 60 cm lange Rollen drehen und zu einem Zopf flechten. Zopf auf ein mit Backpapier belegtes Blech legen. Eigelb mit ein paar Tropfen Wasser verflüssigen, Zopf damit bepinseln.
5. Butterzopf auf der zweituntersten Schiene in den vorgeheizten Ofen schieben und bei 220 °C 30 Minuten backen. Auf einem Kuchengitter auskühlen lassen.

Hefe

TRIEBKRAFT IM TEIG

Sie mag ein «alter Zopf» sein, unsere heiss geliebte Sonntagszüpfe. Doch die Hefe, ein kleines, aber wichtiges Detail für den Teig, ist noch weit älter: Bereits Pharaonen stellten Brot aus Sauerteig her, in dem sich die Hefepilze auf natürliche Weise bildeten. Diese verwandeln die (Mehl-)Stärke in Kohlendioxid und sorgen so dafür, dass der Teig «aufgeht». Backhefe, wie wir sie heute kennen, hat ihren Ursprung in der obergärigen Bierhefe und wird seit Mitte des 19. Jahrhunderts industriell hergestellt. Die Firma Hefe Schweiz AG stellt das altbekannte Naturprodukt seit über 100 Jahren her. Sie verbindet Tradition mit Innovation: Als weltweit erstes Unternehmen entwickelte sie eine Bio-Hefe auf Melassebasis, welche die strengen Richtlinien der Bio Suisse (Knospen-Label) erfüllt.
www.hefe.ch

Maisbrot nach Landfrauenart

«SCHÖN GELB UND MÜRBE»

Wenn es ums Kochen und Backen geht, muss man den Landfrauen nichts vormachen. Zu ihrem Fundus gehören alte und neue Rezepte, die vorwiegend aus einheimischen Produkten zubereitet werden können. Der Maisanbau im St. Galler Rheintal wurde 1571 erstmals schriftlich erwähnt. Auch in Österreich hatte der Mais eine grosse Bedeutung: Im 1916 in Wien erschienenen «Kochbüchlein für knappe Zeiten» gibt es doppelt so viele Rezepte mit Mais wie mit Kartoffeln. Darin wird empfohlen, den Kuchen vor dem Einschieben in die Röhre mit Fett oder süssem Rahm und Ei zu bestreichen, dann werde er «besonders schön und mürbe». Dass die Schweizer Variante gelegentlich auch «Türkenbrot» genannt wird, lässt auf die Verwandtschaft mit Ribelmais schliessen, das ebenfalls von Linthmais produziert wird.

FÜR 3 LÄNGLICHE BROTE 20 g Hefe – 1 EL flüssiger Honig – 1 dl lauwarmes Wasser – 350 g Weissmehl – 150 g feines Maismehl – 1 TL Salz – 50 g flüssige Butter – 2–2½ dl Milch – Maismehl, zum Bestäuben

1 Hefe und Honig im Wasser auflösen.

2 Mehle und Salz in der Teigschüssel mischen, eine Vertiefung drücken, Hefeflüssigkeit in die Vertiefung giessen. 2 bis 3 Esslöffel Mehl unterrühren. Vorteig 15 Minuten gehen lassen. Butter und Milch zum Vorteig geben. Zu einem glatten, geschmeidigen Teig kneten. Teigschüssel mit einem feuchten Tuch zudecken, Hefeteig auf das doppelte Volumen aufgehen lassen.

3 Teig in drei Portionen teilen und diese länglich formen, gut mehlen, auf ein Blech legen, Maisbrote 3- bis 4-mal schräg einschneiden. Nochmals 15 Minuten gehen lassen.

4 Backofen auf 210 °C vorheizen.

5 Maisbrote in der Mitte in den vorgeheizten Ofen schieben und bei 210 °C 10 Minuten backen, Ofen auf 150 °C zurückschalten, Ofentüre kurz öffnen. Maisbrote 10 bis 15 Minuten fertig backen.

Maismehl

INKAGOLD AUF DEM SPEISEPLAN

Neben Reis und Getreide gehört Mais zu den wichtigsten Grundnahrungsmitteln weltweit. Er ist gesund, nahrhaft und preisgünstig. Der Speisemais stammt heute zu einem grossen Teil aus Argentinien und Nordamerika. Doch auch in der Linthebene und im Rheintal wurde bereits im 16./17. Jahrhundert Mais angepflanzt. Durch Selektion entstanden regionentypische Sorten, die sich im Laufe der Zeit an die spezifischen klimatischen Bedingungen anpassten. Dank dem Engagement von Idealisten, die 2001 den Verein Linthmais gründeten, erlebt diese alte Landmaissorte, die es in diversen Typen gibt, eine Renaissance. Das Ribelimehl und die verschiedenen Polenta-Varianten sowie die Linthmais Tortilla-Chips können an verschiedenen regionalen Verkaufsstellen und online bestellt werden.
www.linthmais.ch

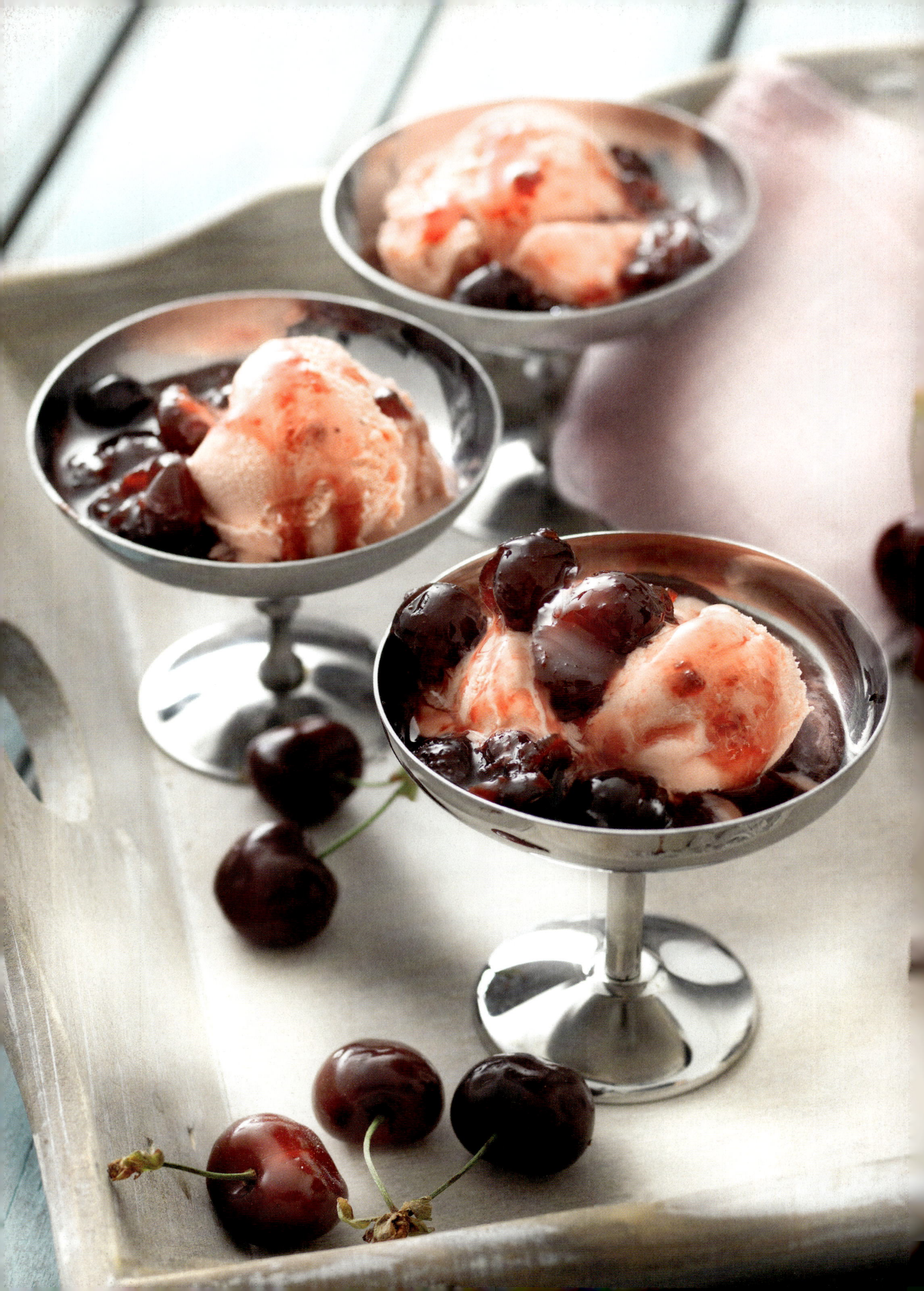

DESSERTS

Griessköpfchen – 228
Minzeparfait im Filoteigkörbchen – 230
Mostkuchen – 232
Rosen-Panna-cotta – 234
Safrancreme – 236
«Schoggi-Schyterbygi» – 238
Öpfelchüechli – 240
Kastanienparfait – 242
Merängge mit Vanillecreme – 244
Dörrobstsalat mit Zimtparfait – 246
Schokoladeneiscreme – 248
Rotweinkirschen mit Röteli-Kirschenlikör
und Röteliglace – 250

Griessköpfchen

RENAISSANCE FÜR NOSTALGISCHES DESSERT

Warum wohl sind Griessköpfli so oft auf den Speisekarten von Alters- und Pflegeheimen zu finden? Klar, es schmeckt immer und weckt nostalgische Gefühle. Besonders, wenn Sultaninen drin sind. Fein schmecken sie auch, wenn sie mit Himbeersirup, Früchtekompott, frischen Saisonbeeren, Fruchtsaucen, gerösteten Nüssen oder Mandelblättchen serviert werden. Allerdings sollte man sich beim Hauptgang etwas zurückhalten, denn Griess ist ziemlich nahrhaft. Auch das Selbermachen ist keine Hexerei. Also, wann gönnen Sie sich wieder einmal ein Griessköpfli? Wenn etwas übrig bleibt, kann es in Scheiben geschnitten, durch ein verquirltes Ei gezogen, in Paniermehl oder gemahlenen Nüssen gewendet und in Bratbutter knusprig gebraten werden.

FÜR 4 FÖRMCHEN 4 dl Milch − 1 Prise Vanillepulver oder ½ Briefchen Vanillezucker mit echter Bourbon-Vanille − 1 EL Zucker − 60 g Dinkel- oder Weizengriess − 1 Prise Salz

Alle Zutaten in einer Pfanne glatt rühren, unter Rühren aufkochen, 5 Minuten kochen lassen. Griessbrei in die mit kaltem Wasser ausgespülten Förmchen füllen. Abkühlen lassen. Über Nacht in den Kühlschrank stellen.
SERVIERVORSCHLAG Köpfchen stürzen. Mit einer Sauce nach Wahl servieren, zum Beispiel einer Vanille- oder Fruchtsauce.

Dinkelvollgriess

ALTMODISCHES FÜR DIE NEUZEITLICHE KÜCHE

Die Körner fast aller Getreidesorten lassen sich vermahlen. Bei mittelfeiner Mahlung entsteht Griess. Er gilt als kohlehydratreiches, preisgünstiges Lebensmittel. Er erfordert keine komplizierte Zubereitung und sorgt in der neuzeitlichen Küche für Abwechslung. Von ausgesuchter Schweizer Bio-Qualität ist der Dinkelvollgriess der Biofarm. Die Produkte werden nach den strengen Richtlinien von Bio Suisse hergestellt und von unabhängiger Stelle kontrolliert. Übrigens war Griess ein fester Bestandteil der vom berühmten Kräuterpfarrer Johann Künzle entwickelten Magenschondiät.

www.biofarm.ch

Minzeparfait im Filoteigkörbchen

PARFAIT PERFEKT

Dessert geht immer, auch wenn man eigentlich schon lange satt ist. Vor allem, wenn es gut rutscht wie dieses Minzeparfait. Es ist leicht herzustellen. Aber man muss genügend Zeit für den Gefrierprozess einrechnen. Übersetzt bedeutet Parfait «vollkommen, hervorragend». Das Halbgefrorene ist in der Tat hervorragend, aber recht kalorienreich. Im Gegensatz zum Speiseeis oder zum Sorbet enthält es nämlich Eigelb. Das ergibt zusammen mit Rahm eine cremige Struktur ohne störende Eiskristalle. Darum muss die Masse, die in einer Form gefroren wird, während des Gefrierprozesses nicht gerührt werden.

---

4 Minzezweiglein – 2½ dl Milch – 1½ dl Rahm – 3 Eigelbe – 125 g Zucker – 80 g dunkle Couverture, gehackt – **Filoteigkörbchen** 2 Filoteigblätter – 1 EL flüssige Butter – flüssige Butter, zum Einfetten – Minzestreifchen, für die Garnitur

1 Für das Parfait die Minzeblättchen von den Stielen zupfen und grob hacken. Milch und Rahm aufkochen, Minze zugeben, mindestens 30 Minuten zugedeckt ziehen lassen. Eigelbe und Zucker luftig aufschlagen. Minzemilch durch ein feines Sieb giessen, zurück in den Topf geben und unter Rühren mit dem Schneebesen unter dem Kochpunkt (nicht kochen) erhitzen. In einer Schüssel zugedeckt auskühlen lassen, dann über Nacht im Kühlschrank ziehen lassen. Am nächsten Tag Couverturewürfelchen zufügen, Parfaitmasse in der Eismaschine gefrieren lassen. Oder Masse in eine Tiefkühldose füllen und im Tiefkühler gefrieren lassen (nicht rühren; der Fettanteil ist so hoch, dass sich keine Eiskristalle bilden können).

2 Filoteigblätter mit der flüssigen Butter bestreichen. In 10 cm grosse Quadrate schneiden, in 4 mit Butter eingefettete Tarteletteförmchen legen, ein zweites Teigblatt verschoben darauflegen. Im vorgeheizten Ofen bei 180 °C etwa 10 Minuten backen. Auskühlen lassen.

3 Je 2 Parfaitkugeln in ein Filoteigkörbchen geben, mit Minze garnieren.

Confiserie Bachmann

SÜSSE KRÖNUNG

«Ein klein wenig Süsses kann viel Bitteres verschwinden machen» – Francesco Petrarca, von dem dieses Zitat stammt, lebte im 14. Jahrhundert. Zucker war damals ein Luxusgut, und die Schokolade kannte man noch nicht. Doch er hatte Recht, denn die Lust nach Süssem liegt in unseren Genen. Süsses macht glücklich, dient als Seelentrösterin, Stresspuffer oder Belohnung. Das weiss auch die Süsswarenindustrie. Doch zu viel des Süssen ist schon rein aus figurtechnischen Gründen nicht opportun. Darum gilt die Devise: «Lieber weniger, dafür vom Besseren.» Das Bessere findet man in der Confiserie Bachmann in der Leuchtenstadt Luzern und ihren Fachgeschäften in der näheren und weiteren Region. Denn «manchmal braucht der Leib etwas Gutes, damit die Seele Lust hat, darin zu wohnen».
www.confiserie.ch

Mostkuchen

EINHEIMISCHE «KRAFTQUELLEN»

Dass man den Süssmost nicht einfach im Fass lässt, bis er sauer wird, wussten wir noch nicht, als wir auf dem Kinderkochherd unsere Süssmostcreme kochten. Den Apfelwein, «suure Moscht», wie wir ihn nannten, überliessen wir gern den Männern, die manchmal beim Heuladen und anderen schweren Arbeiten auf dem Land mithalfen. Das Mostkuchenrezept, bei dem vergorener Most für die Füllung verwendet wird, fiel mir erst viel später in die Hände. Der Mostkuchen ist eine Entdeckung, denn er gehört zur schnellen Sorte und der Abwasch hält sich in Grenzen. Mit seinem säuerlich-erfrischenden Aroma dürfte er ganz besonders jenen Naschkatzen gefallen, die Süsses, aber nicht allzu Süsses mögen.

FÜR EIN KUCHENBLECH VON 26 CM DURCHMESSER **Mürbeteig** 200 g Weissmehl – ½ TL Salz – 100 g kalte Butterstückchen – ¾ dl Wasser – **Füllung** 3 EL Mehl – 5 EL Zucker – 1 ½ dl vergorener Süssmost (Apfelwein) – 50 g Butterflocken – 1 Msp Zimtpulver

1. Für den Teig Mehl und Salz mischen, mit Butterstückchen krümelig reiben, Wasser beifügen, rasch zu einem Teig zusammenfügen, nicht kneten. Teig zwischen Klarsichtfolien auf Formgrösse ausrollen, in die eingefettete Form stürzen. 30 Minuten kühl stellen.
2. Backofen auf 240 °C vorheizen.
3. Mehl mit der Hälfte des Zuckers mischen und auf den Teigboden verteilen. Vergorenen Süssmost darübergiessen. Butterflocken darauf verteilen. Zum Schluss restlichen Zucker und Zimt darüberstreuen.
4. Mostkuchen auf zweitunterster Schiene in den Ofen schieben und bei 240 °C 20 Minuten backen.

Apfelsaft

SÜFFIGES AUS DEM SCHWEIZER BAUMGARTEN

Wer Schweizer Süssmost oder Apfelwein verlangt, meint «Ramseier». Das 1910 im Emmental gegründete Selbsthilfe-Unternehmen hat im Lauf der Jahre etliche Änderungen erlebt und ist unterdessen eine Aktiengesellschaft. Doch die Marke Ramseier steht noch immer für den bekanntesten Fruchtsaft-Hersteller in der Schweiz. Ob Apfelwein oder Gärmost – beides macht deutlich, dass der Saft aus Äpfeln und Birnen einen biochemischen Prozess durchgemacht hat. An diesem sind Hefen beteiligt, die den Fruchtzucker in Alkohol und Kohlensäure umwandeln. Je nach Zuckergehalt liegt der Alkoholgehalt nach der Vergärung zwischen 4 und 6 Prozent. Dank neuen Verfahren kann sogar alkoholfreier Apfelwein hergestellt werden. Als Getränk passt er gut zu rustikalen Speisen und beim Kochen ersetzt er den Wein.
www.ramseier.ch

Rosen-Panna-cotta

BLUMIGE NACHSPEISE

Kürzlich waren wir zu einem runden Geburtstag eingeladen. Das Essen war erstklassig und das Dessertbuffet ein Gedicht mit unwiderstehlichen Kreationen aus Früchten und essbaren Blüten. Blumen sind nämlich nicht nur schmückende Dekoration und auch kein neuer Küchen-Gag. Doch im eigenen Haushalt gestaltet sich die Suche nach ungespritzten Blüten recht aufwändig. Es sei denn, man besitzt einen Blumengarten. Die Panna cotta mit Rosenblättern schmeckt himmlisch, und die Zubereitung ist weniger kompliziert, als man annehmen könnte. Dekoriert mit frischen Rosenblättern, bildet es das exquisite Finale jedes Festessens. Wer Geduld hat, kann die Blütenblätter von Duftrosen sogar selber kandieren. Luftdicht verpackt und kühl gelagert, sind sie bis zu einem halben Jahr haltbar.

FÜR 4 BIS 6 PORTIONENFÖRMCHEN, JE NACH GRÖSSE 3 dl Rahm – 2 unbehandelte (biologische) Duftrosen, am besten aus dem Hausgarten – 2 g Agar-Agar-Pulver (Reformhaus) – 50 g Zucker – 2 TL Rosenblütenwasser – Saisonbeeren: Erdbeeren, Himbeeren, Brombeeren – Rosenblütenblätter, für die Garnitur

1 Rosenblütenblätter vom Blütenkopf zupfen und weissen Blattansatz (er ist bitter) abschneiden. Blütenblätter in eine kleine Schüssel legen, Rahm dazugiessen. 24 Stunden zugedeckt in den Kühlschrank stellen und den Rahm aromatisieren. Durch ein Sieb passieren.

2 Rahm, Agar-Agar-Pulver und Zucker in einer Pfanne glatt rühren, unter Rühren aufkochen, mit dem Rosenblütenwasser parfümieren. Creme in die kalt ausgespülten Förmchen füllen, abkühlen lassen. 4 Stunden kühl stellen.

3 Panna-cotta-Köpfchen auf Teller stürzen, mit Beeren und Rosenblütenblätter garnieren, ein wenig Rosenblütenwasser darüberträufeln.

ROSENBLÜTENWASSER Ein kleines Glas mit Schraubverschluss mit Rosenblütenblättern (weissen Blattansatz abschneiden) füllen. Mit heissem Wasser auffüllen. Glas verschliessen. Über Nacht ziehen lassen. Rosenblütenwasser ist auch im Reformhaus und Bio-Laden erhältlich.

VARIANTE Rosenblüten durch eine Holunderblütendolde ersetzen. Diese auf Ungeziefer kontrollieren. Blüten abschneiden. Blütenwasser mit Holunderblüten zubereiten.

Agar-Agar von Morga

PFLANZLICHES GELIERMITTEL

Panna cotta ist mehr als gekochter Rahm. Damit sie zum standfesten Köpfchen wird, muss die Flüssigkeit gebunden werden. Auf das im asiatischen Raum seit Jahrhunderten gebräuchliche Agar-Agar aufmerksam geworden sind die Konsumenten, weil sie immer öfter auf tierische Lebens- und Hilfsmittel verzichten. Der Name stammt aus dem Malaischen und bedeutet «Lebensmittel aus Algen, das geliert». Die weisse Substanz wird hauptsächlich aus Rotalgen extrahiert. Ihre Gelierkraft ist sechsmal stärker als jene der Gelatine. Weil das pflanzliche Produkt geschmacksneutral ist, wird es für süsse und herzhafte Speisen eingesetzt. Das mineralstoffreiche Bindemittel wird von der auf vegetabile Produkte von höchster Qualität spezialisierten Toggenburger Firma Morga AG vertrieben. Es ist in Reformläden, Drogerien und bei COOP erhältlich.

www.morga.ch

Safrancreme

SAFRAN MACHT NICHT NUR DEN KUCHEN GELB

Eine kleine Prise reicht, um Speisen wie Risotto, Paella oder Bouillabaisse eine goldgelbe Farbe und einen feinen moschusartigen Duft zu verleihen. Safran wird aber auch für Süssspeisen verwendet. In einem alten Kinderlied heisst es, dass Safran zu den «sieben Sachen» gehört, um einen guten Kuchen zu backen. Allerdings sollte das Gewürz erst am Schluss hinzugegeben oder nur kurz mitgekocht werden. Crocus sativus, so der lateinische Name des Safran-Krokus, sieht auf den ersten Blick aus wie eine Herbstzeitlose. Was diese im Herbst blühende Krokusart so besonders macht, sind ihre drei roten carotinoidhaltigen Stempelfäden, die aus dem Griffel wachsen. Die 2,5 bis 3,5 cm langen Fäden werden in mühsamer Handarbeit geerntet und getrocknet als Gewürz verwendet.

2½ dl Milch – 1 Vanilleschote – 3½ dl Rahm – 15 Safranfäden – 75 g Zucker – 4 Eigelbe

1. Backofen auf 160 °C vorheizen.
2. Milch und aufgeschnittene Vanilleschote aufkochen, Vanillemark abstreifen und zur Milch geben.
3. Rahm und Safran aufkochen, Vanillemilch unterrühren. Abkühlen lassen.
4. Zucker und Eigelbe zu einer luftigen, cremigen Masse aufschlagen. Milch-Rahm-Gemisch nach und nach unterrühren. Durch ein feines Sieb passieren. Safrancreme in ofenfeste Portionenförmchen füllen.
5. Förmchen in eine tiefe Form stellen und bis auf ¾ Höhe mit warmem Wasser (80 °C) füllen, Safranköpfchen im vorgeheizten Backofen bei 160 °C rund 20 Minuten bei leicht geöffneter Tür pochieren. Garprobe machen. Herausnehmen und abkühlen lassen.

GARNITUR Mit in Zuckersirup eingelegten Safranfäden garnieren oder mit Zucker bestreuen und diesen mit dem Bunsenbrenner karamellisieren.

Safran

HEUTE BESTELLT, MORGEN GELIEFERT

Mahler & Co. gehörten zu den ersten Produzenten in der Schweiz, die ausschliesslich biologisch produzierte Lebensmittel verkauften. Um den geänderten Konsumentenbedürfnissen entgegenzukommen, kann das feine Bio-Angebot nun auch online bestellt werden. Geliefert wird am folgenden Tag. Die Safranfäden aus Bio-Produktion (Waldviertel/A) sind gemahlen und im 0,5-Gramm-Reagenzglas erhältlich. Für ein Kilogramm dieses Gewürzes, dem eine aphrodisierende Wirkung nachgesagt wird, braucht es etwa 150000 Stempelfäden. Das erklärt, warum Safran eines der teuersten Gewürze ist. Die Hauptanbaugebiete befinden sich im Orient und im Mittelmeerraum. Seit dem 14. Jahrhundert wird auch in der Walliser Gemeinde Mund Safran angepflanzt, wobei hier die Ernte nur etwa 2 Kilogramm/Jahr beträgt.
www.mahlerundco.ch

«Schoggi-Schyterbygi»

KUCHEN BACKEN OHNE BACKOFEN

Eigentlich sind die klassischen Petit Beurres ziemlich trocken. Doch sie zählen zu den beliebtesten Biskuits und sind fast in jedem Haushalt zu finden. Aus Petits Beurres lassen sich wunderbare Dessert-Kreationen herstellen, zum Beispiel diese Nascherei mit Schokolade. Diese ungebackene «Schoggi-Schyterbygi», die auch «Kalter Hund» genannt wird, ist einfach herzustellen und findet reissenden Absatz an Kindergeburtstagen und an jeder Klassenfete. Nach überliefertem Rezept wird Kokosfett verwendet, damit die Schokoladenmasse fest wird. Wenn Sie kalt gepresstes Kokosfett nehmen, soll der «Kalte Hund» sogar gesund sein – vorausgesetzt, Sie geniessen ihn mit Mass. Es kann auch Butter oder Rahm verwendet werden, wenn der Cake lange genug kühl gestellt wird.

FÜR EINE CAKEFORM VON 28 CM LÄNGE 100 g Petit Beurres – 250 g Butter – 200 g Zartbitterschokolade (Crémant), zerkleinert – 3 frische Eier – 150 g Puderzucker – 1 Prise Salz – 4 EL Kakaopulver

1. Butter und Schokolade unter Rühren bei schwacher Hitze schmelzen. Die Masse darf nicht heiss werden. Auskühlen lassen.
2. Eier, Puderzucker und Salz verrühren, Kakaopulver und abgekühlte Butter-Schokoladen-Masse unterrühren.
3. Form mit Backpapier auskleiden. Auf den Boden Biskuits legen, Schokoladenmasse 5 mm dick darauf verteilen, wieder eine Lage Biskuits, Schokoladenmasse usw., abschliessen mit der Schokoladenmasse.
4. Cake im Kühlschrank etwa 5 Stunden fest werden lassen. Cake mit Papier aus der Form heben, Papier vorsichtig entfernen, Cake auf einer Platte anrichten.

Petit Beurres

KLEINE BUTTERKEKSGESCHICHTE

Petit Beurres gehören zu den klassischen Schweizer Feingebäcken. Erfunden wurde das Dauergebäck aber von den Franzosen: 1886 kreierte die Pâtisserie Lefèvre Utile in Nantes die ersten Petits Beurres. Fünf Jahre später brachte eine deutsche Firma den Butterkeks auf den Markt, ein fast identisches Gebäck. Auch die Schweizer machten sich ans Werk, denn Petits Beurres sind für die industrielle Herstellung ideal. Knusprig und leicht gesüsst eignen sich die rechteckigen Guetzli mit den typischen «Zähnen» für jede Gelegenheit. Übrigens wird die Petit-Beurre-Produktionsstrasse bei Kambly in Trubschachen drei- bis viermal pro Jahr umgerüstet, um die in jedem Armee-«Zwipf» enthaltenen und vor allem bei der Dorfjugend beliebten Militärbiskuits zu produzieren.
www.kambly.com

Öpfelchüechli

LECKERE «SCHEIBEN MIT LOCH»

Was den Amerikanern der Donut, ist den Schweizern das Öpfelchüechli. Nur sind unsere «Scheiben mit dem Loch» nicht so trocken. Ihr Innenleben besteht nämlich aus saftig-säuerlichen Apfelringen. Ein wunderbares Grossmutter-Dessert, das gerade heute wieder eine Renaissance erlebt. Richtig luftig wird der Teig, wenn das Eiweiss separat geschlagen und sorgfältig unter den Ausbackteig gehoben wird. Perfekt schmecken die Apfelküchlein aber erst, wenn sie in Zimtzucker gewendet werden. Dann braucht es auch keine Vanillesauce dazu – eine Mode, die sich auf vielen Dessertkarten eingeschlichen hat.

1 Ei – 1 EL Zucker – 7 EL Milch – 1 Prise Salz – 1 TL Öl – 125 g Weissmehl – ½ TL Backpulver – 2 säuerliche Äpfel, z. B. Boskop – ½ Zitrone, Saft – Frittieröl – ½ TL Zimtpulver – 2 EL Zucker

1. Für den Ausbackteig Ei, Zucker, Milch, Salz und Öl verquirlen. Das mit Backpulver vermischte Mehl unterrühren. Teig zugedeckt 30 Minuten ruhen lassen.
2. Äpfel nach Belieben schälen, Kerngehäuse ausstechen, Früchte in etwa 1 cm dicke Scheiben schneiden, mit Zitronensaft beträufeln.
3. Öl in Fritteuse oder Brattopf auf 180 °C erhitzen. Apfelringe im Ausbackteig wenden, im heissen Öl portionsweise schwimmend backen. Zimt und Zucker mischen, über die Apfelküchlein streuen.

Apfel-Box

APFELKÜCHLEIN SIND SEELENNAHRUNG

Welcher Apfel eignet sich am besten für Apfelküchlein? Noch immer steht Boskop, eine alte Apfelsorte, ganz zuoberst auf dieser Liste. Es können aber auch Herbstsorten wie Golden Delicious, Elstar, Cox Orange, Rubinette oder Lagersorten wie Jonagold verwendet werden. Und wie kommt man mit wenig Zeitaufwand zu den richtigen Äpfeln? Beispielsweise mit einem BIO BOX-Abo von Mahler & Co., dem Aargauer Bio-Online-Unternehmen, auf dessen Homepage der sinngemässe Werbespruch zu lesen ist: «Bio kommt nicht von ungefähr, sondern per Mausklick und A-Post.» Ohne Zwischenhandel werden viele Agrarprodukte direkt von den Herstellern ausgeliefert, die sich an die strengen Bio-Richtlinien halten. Eine Win-win-Situation für alle Beteiligten und die Natur.
www.mahlerundco.ch

Kastanienparfait

HEISS ODER KALT

Was gibt es im Winter Schöneres, als am Stand des Marroni-Manns eine Spitztüte mit heissen Marroni zu kaufen. Sie wärmen Hände, Herz und Magen gleichermassen. Zu den kalten Alternativen, die nicht nur an heissen Sommertagen beliebt sind, gehört ein Parfait aus Kastanienpüree. Es gibt Dessertkünstler, die mit ein paar zusätzlichen Zutaten echte Gaumenkitzeleien zustande bringen. Doch bereits Anfänger kommen mit der Grundvariante aus pürierten Marroni, Eiern, Zucker und Rahm zurecht und können damit bei ihren Gästen Eindruck schinden. Um den Arbeitsaufwand zu begrenzen, kann man zu vorgekochten Marroni oder zur fixfertigen, tiefgekühlten Marronimasse greifen.

2–3 Eigelbe – 2 EL Akazienhonig – 200 g ungesüsstes Bio-Marronipüree – 3 dl Rahm – 1 Msp Vanillepulver – 1 EL Kastanienlikör oder Amaretto – Früchte, für die Garnitur – Blüten, nach Belieben – Schlagrahm, nach Belieben

1 Eigelbe und Honig cremig-luftig aufschlagen, mit der Küchenmaschine mindestens 10 Minuten, mit dem Schneebesen 15 Minuten. Marronipüree unterrühren.

2 Rahm mit Vanillepulver steif schlagen, unter die Marronimasse ziehen.

3 Parfaitmasse in Portionenförmchen füllen, im Tiefkühler fest werden lassen.

4 Parfait 10 Minuten vor dem Servieren in den Kühlschrank stellen. Förmchen in heisses Wasser tauchen, Rand mit einem Messer lösen, Köpfchen stürzen. Mit Kastanienlikör beträufeln. Mit Früchten umgeben und nach Belieben mit Schlagrahm garnieren.

VARIANTE Marronipüree durch Marroni aus dem Glas ersetzen, pürieren. Oder tiefgekühlte Marroni im Dampf weich garen, pürieren.

Edelkastanien

ALTES KULTURGUT ERHALTEN

Der grösste Teil der in der Schweiz verkauften Kastanien und Kastanienprodukte wird importiert. Bei diesen Kastanien handelt es sich vorwiegend um grossfrüchtige Züchtungen, die statt der üblichen drei Nüsse nur eine, dafür eine besonders grosse in der stacheligen Hülle bilden. Dank neu erwachtem Interesse an diesem alten Kulturgut ist die Fläche der Kastanienselven im Tessin wieder auf über 2000 Hektaren angewachsen. Um alte Sorten zu erhalten und neue, gegen Krankheiten und Schädlinge resistentere Sorten heimisch zu machen, werden Edelreiser auf Stockausschläge alter Bäume gepfropft. Allerdings führt die Nutzung und Weiterverarbeitung der Nussfrüchte noch immer ein Nischendasein: Bewirtschaftet werden weniger als ein Zehntel der einheimischen Kastanienwälder.
Kastanienspezialitäten Müllauer, Dübendorf:
www.lapinca.ch

Merängge mit Vanillecreme

AUF WOLKE SIEBEN

Luftig-leicht wie eine Wolke und zuckersüss, so müssen die echten Emmentaler «Merängge» sein. Manche sind schneeweiss, andere leicht gebräunt mit Karamellgeschmack. Je nach Geheimrezeptur und Backzeit sind sie staubtrocken oder innen noch leicht klebrig. Serviert werden sie in der Regel mit einem Riesengebirge von Schlagrahm – Eiger, Mönch und Jungfrau lassen grüssen. Jedenfalls kann man ganz gut auf den Hauptgang verzichten, wenn einem der Sinn nach einer ganzen Portion dieser süssen Sünde ist. Sie bildet den krönenden Abschluss mancher bodenständigen Mahlzeit in einem der vielen heimeligen Emmentaler Gasthöfe; da hat wohl jeder seine ganz persönlichen Erinnerungen. Das aus steif geschlagenem Eiweiss und Zucker bestehende Schaumgebäck kann man kaufen oder selbst herstellen und mit Vanille- oder Fruchtcreme füllen.

---

8 Meringueschalen – **Vanillecreme** 3 Blatt Gelatine – 1 EL Maisstärke (Maizena) – 4 Eigelbe – 60 g Zucker – 4 dl Milch – 1 Vanilleschote, aufgeschnitten – 3 EL Rum, nach Belieben – 50 g kandierte Früchte (Zitronat und Orangeat) – 2½ dl Rahm – Schlagrahm

1 Gelatineblätter in kaltem Wasser einlegen. Maisstärke mit wenig Milch glatt rühren.

2 Maisstärke, Eigelbe, Zucker, Milch und Vanille in einer Pfanne unter Rühren aufkochen, Creme bei mittlerer Hitze unter Rühren binden. Nicht kochen. Pfanne von der Wärmequelle nehmen. Vanilleschote herausnehmen, Mark zur Creme streifen. Gut ausgedrückte Gelatine unterrühren. Zugedeckt auskühlen lassen. Sobald die Creme eindickt, Rum und kandierte Früchte unterrühren. Rahm steif schlagen und unterziehen.

3 Vanillecreme mit Eisportionierer oder Esslöffel portionieren und zwischen 2 Meringueschalen anrichten. Mit Schlagrahm garnieren.

Merängge

WENIG AUFWAND FÜR VIEL DESSERT

Eigentlich bestehen die Meringues aus nichts weiter als «geschlagener Luft». Gibt man Zucker dazu, wird der Schaum fest. In vielen Familien gehören Meringues quasi zum Notvorrat. Sei es, um unerwartetem Besuch ein schnelles Dessert aufzustellen oder um persönliche Katastrophen zu versüssen. Im Unterschied zu den selbstgemachten sind die in Manufakturen oder industriell hergestellten Meringues stabiler und haben eine glatte, glänzende Oberfläche. Nach altem Rezept mit modernen Mitteln hergestellt werden die «Merängge» im Emmentaler Backwaren-Betrieb in Biglen. Das Eiweiss für die ganze Freudiger Meringues-Familie, vom «Riesen» bis zum kleinen «Rosettli» und weiteren Spezialitäten, stammt aus artgerechter Tierhaltung. Ob von Hand hergestellt oder mit modernen Maschinen, die Emmentaler Spezialität ist im ganzen Land beliebt.
www.emmentaler-backwaren.ch

Dörrobstsalat mit Zimtparfait

GESUNDE ABKÜHLUNG

«Desserts machen glücklich und bauen Stress ab», ist in einer wissenschaftlichen Studie zu lesen. Aber sind sie auch gesund? Diese Frage erübrigt sich beim vorgeschlagenen Rezept. Dörrobst enthält wertvolle Vitamine, Mineralstoffe und viel natürlichen Fruchtzucker. Honig macht das Parfait süss, Rahm und Eigelb cremig – alles natürlich. Das einzige Problem ist das erhöhte Suchtpotenzial, das von dieser kalten, süss-säuerlichen Köstlichkeit ausgeht. Doch wenn man das «Natur-Dessert» bewusst geniesst, ist auch diese Gefahr halbwegs gebannt.

200g gemischte Dörrfrüchte: Zwetschgen, Äpfel, Birnen, Weintrauben – 2dl Schwarztee – 4EL helle Konfitüre (Mirabelle, Aprikose, gelbe Pflaume) – **Zimtparfait** 2 Eigelbe – 2EL Blütenhonig – ½EL Macispulver (Muskatblüte) – 1EL Zimtpulver – 2½dl Rahm

1. Für den Fruchtsalat Dörrfrüchte (ohne Weintrauben) in Streifen schneiden, Schwarztee erwärmen und darübergiessen, 2 Stunden zugedeckt ziehen lassen. Konfitüre unterrühren.
2. Für das Parfait Eigelbe und Honig luftig aufschlagen, Macis- und Zimtpulver unterrühren. Rahm steif schlagen und unterziehen. In eine Vorratsdose füllen. 2 Stunden oder länger in den Tiefkühler stellen. Parfait 10 Minuten vor dem Servieren in den Kühlschrank stellen.
3. Fruchtsalat samt Fruchtsauce in tiefen Tellern anrichten. Parfait mit dem Eisportionierer portionieren und die Kugel auf den Dörrfruchtsalat setzen.

Dörrfrüchte

SOMMERSONNE IN KONZENTRIERTER FORM

Beim Obst und beim Gemüse ist es nicht einfach, Ernte und Absatz synchron zu steuern. Manchmal gibt es zu wenig, doch die Nachfrage ist gross. Manchmal gibt es zu viel. Dann fragt sich, wie die Überschüsse am besten haltbar gemacht werden können. Eine uralte, aber für viele Produkte sehr sinnvolle Methode ist das Dörren. Da und dort gibt es öffentliche Dörranlagen, die grössere und kleinere Mengen Äpfel, Birnen, Zwetschgen, Bohnen und andere gerüstete, geschnippelte oder blanchierte Feld- und Gartenprodukte günstig dörren. Und selbstverständlich kann es jeder selber versuchen, ob mit elektrischem oder im Solar-Dörrex oder im Backofen. Heute lautet die Devise: eher bei niedriger Temperatur, dafür etwas länger trocknen lassen. Das schont die Inhaltsstoffe.

Schokoladeneiscreme

GLÜCK, DAS AUF DER ZUNGE SCHMILZT

Alexander von Humboldt war überzeugt, dass die Natur kein zweites Mal eine solche Fülle wertvollster Nährstoffe auf so kleinem Raum zusammengedrängt habe wie bei der Kakaobohne. Der Ernährungsforscher Michael Levine unterstützt dies: «Chemisch gesehen ist Schokolade tatsächlich das vollkommenste Nahrungsmittel der Welt.» Als Schokoladenliebhaber halten wir uns an das Zitat eines unbekannten Fans: «Solange die Kakaobohnen an Sträuchern wachsen, gehört Schokolade zum Obst.» Oder wir rechtfertigen uns mit Wim Wenders: «Schokolade ist fassbares, greifbares und vor allem essbar gewordenes Glücksgefühl.» So gesehen, kann das Stück Schoggi, das wir genüsslich auf der Zunge vergehen lassen, höchstens durch einen Becher hausgemachter Schokoladeneiscreme übertroffen werden.

---

250 g helle Couverture, grob gehackt – ½ l Milch – 100 g Zucker – 1 dl Rahm, gekühlt

1 Milch und Zucker erhitzen. Topf von der Wärmequelle nehmen. Couverture zufügen und unter Rühren schmelzen. Creme unter häufigem Rühren lauwarm abkühlen lassen. Rahm unter die Schokoadencreme rühren.

2 Schokoladencreme in die laufende Eismaschine giessen, gefrieren lassen. Eventuell im Tiefkühler noch fester werden lassen.

Schokolade

DIE SÜSSESTE VERSUCHUNG

Es gibt sie in Weiss, Braun und Schwarz. Kakaopulver gibt der Masse die schoggibraune Farbe. Je höher der Anteil, desto dunkler wird sie. Nimmt man Kakaobutter statt -pulver, wird die Schokolade weiss. Beim Kakaopulver gibt es gewaltige Qualitätsunterschiede. Damit kennt sich die Confiserie Bachmann in Luzern aus. Für ihre auserlesenen Spezialitäten verarbeitet sie edle Ingredienzen von höchster Güte. Das Familienunternehmen hat sich in seiner über hundertjährigen Geschichte zu einem der «süssesten» Traditionshäuser der Schweiz entwickelt. Berühmt ist es vor allem für seine Patisserie- und Confiserie-Spezialitäten. Tradition, Kreativität, Herzblut und erlesene Zutaten sind das Geheimrezept ihrer schönen Handwerkskunst – ein richtiges Schlaraffenland.
www.confiserie.ch

Rotweinkirschen mit Röteli-Kirschenlikör und Röteliglace

EIN GANZ BESONDERES «KIRSCHWASSER»

Bündner Röteli ist zwar ein hochprozentiges Genussmittel aus Kirschen, aber es ist nicht mit Kirsch zu verwechseln. Der süffige Zaubertrank besteht aus gedörrten und in verdünntem Schnaps eingelegten Kirschen, Zucker und Gewürzen. In Zeiten der Selbstversorgung und Vorratshaltung war es der Stolz jeder Hausfrau und ihrer Töchter im heiratsfähigen Alter, den Röteli selbst anzusetzen. Der Brauch, damit auf das neue Jahr anzustossen, wird in vielen Bündner Gemeinden noch heute gepflegt. Doch der wärmende Likör hat sich inzwischen vom Winter- zum Ganzjahresprodukt gemausert. Auch Confiseure und Gastronomen haben die Exklusivität des würzigen Röteli entdeckt. Davon zeugen die verschiedensten Röteli-Torten und Dessertkreationen, die auf dieser Bündner Spezialität basieren.

Röteliglace 2½ dl Milch – 1½ dl Rahm – 2 Vanilleschoten, aufgeschnitten – 3 Eigelbe – wenig fein abgeriebene Orangenschale – 4 EL Bündner Röteli-Kirschenlikör – 125 g Zucker – **Rotweinkirschen** 750 g entsteinte Kirschen, z. B. Magda – 3 dl fruchtiger Rotwein – 2 dl Apfelsaft – 150 g Zucker – 1 Zimtstange – 2 Zacken Sternanis – 2 EL Maisstärke – 4 EL Bündner Röteli-Kirschenlikör

1 Für die Kirschen Rotwein, Apfelsaft, Zucker und Gewürze in einem Topf aufkochen, bei schwacher Hitze 10 Minuten ziehen lassen. Kirschen beifügen, nochmals aufkochen. Maisstärke mit dem Kirschenlikör glatt rühren, unter die Kirschen rühren, nochmals 2 Minuten kochen. Rotweinkirschen gleich verwenden oder kochend heiss in Einmachgläser füllen, sofort verschliessen. Abkühlen lassen. Kühl und dunkel lagern.

2 Für die Röteliglace Milch, Rahm und Vanilleschoten aufkochen, zugedeckt mindestens 30 Minuten ziehen lassen. Eigelbe, Orangenschale, Kirschenlikör und Zucker zu einer luftig-cremigen Masse aufschlagen. Vanillemark abstreifen und zum Milchrahm geben, erneut aufkochen. Milchrahm unter die Eigelbmasse rühren. In den Topf giessen, Creme unter Rühren bei schwacher Hitze köcheln lassen, bis sie leicht bindet. In einer Schüssel auskühlen lassen. Im Kühlschrank mindestens 2 Stunden durchkühlen lassen. Rötelicreme in der Eismaschine/ Sorbetière gefrieren lassen.

3 Röteliglace portionieren, mit dem Kompott anrichten.

MAGDA Sehr grosse, braunschwarze Kirsche, sehr saftig, angenehmes Aroma.

Bündner Röteli

GUT DING WILL WEILE HABEN

Den naturreinen Likör kennt man seit dem 19. Jahrhundert. Er wird aus getrockneten schwarzen Kirschen hergestellt, die mit einer Gewürzmischung in Kernobstbranntwein eingelegt werden. Weil in der Schweiz niemand mehr die kleinen süssen Früchte von den Bäumen pflückt, werden die Kirschen importiert. Doch das Motto «Gut Ding will Weile haben» gilt noch immer: Fünf Monate haben die Kirschen Zeit, ihre Farbe und Aromen an den geschmacksneutralen Schnaps von 40 Vol.-% Alkoholgehalt abzugeben. Dann wird die Flüssigkeit abgezogen und mit Kirschsaft angereichert und nach altem Rezept weiterverarbeitet. Die Bündner Likör-Spezialiät zeichnet sich durch ein harmonisches Süsse-Säure-Verhältnis und ein feines, von den Kirschsteinen herrührendes Bittermandelaroma aus.

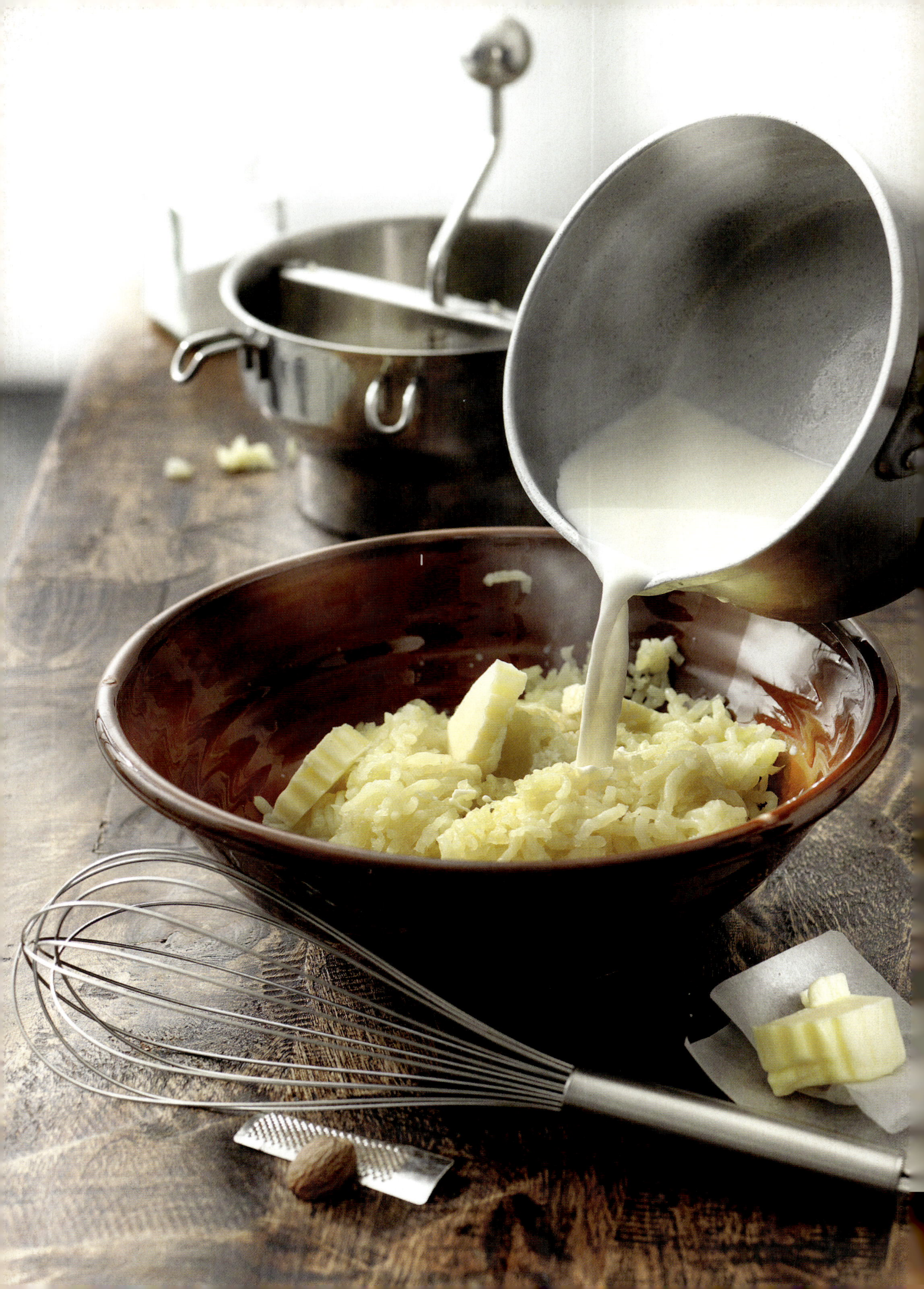

ANHANG

Bezugsquellen und Kontaktadressen – 254
Register – 262
Bildnachweis – 265
Rezeptnachweis – 267

Bezugsquellen und Kontaktadressen

A

Aargauer Chriesiwäg
Geschäftsstelle Jurapark Aargau
5225 Bözberg
www.jurapark-aargau.ch

Aargauer Premiumweine
Weinbau Hartmann AG
5236 Remigen
www.weinbau-hartmann.ch

Abo-Boxen Gemüse und Äpfel
Mahler & Co.
5506 Mägenwil
www.bio-box.ch

Agar Agar
Morga AG
9642 Ebnat-Kappel
www.morga.ch

Altdorfer Suppenküche
Uri Tourismus
6460 Altdorf
www.uri.info

Angus-Beef
Wendelinhof
5524 Niederwil
www.wendelinhof.ch

Apfelsaft
Ramseier Suisse AG
6210 Sursee
www.ramseier.ch

Appenzeller Bier
Brauerei Locher AG
9050 Appenzell
www.appenzellerbier.ch

Appenzeller® Käse
SO Appenzeller Käse GmbH
9050 Appenzell
www.appenzeller.ch

B

Baumnüsse
Nuss- & Wildfruchtspezialitäten
8274 Gottlieben
www.baum-nuss.ch

Bier
Brauerei Locher AG
9050 Appenzell
www.appenzellerbier.ch

Bio-Fleisch
Fidelio Produkte AG
5000 Aarau
www.fidelio.ch

Bio-Forelle Blausee
Bio-Forellenzucht Blausee
3717 Blausee
www.blausee.ch

Bio-Honig
Marco Paroni
3373 Heimenhausen
www.paronihonig.ch

Bio Online Shop
Mahler & Co.
5506 Mägenwil
www.mahlerundco.ch

Bio-Weine
Weinhandlung am Küferweg
5703 Seon
www.kueferweg.ch

Birnen gedörrt
Öpfelfarm
9314 Steinebrunn
www.oepfelfarm.ch

Birnensenf
Biofarm-Genossenschaft
4936 Kleindietwil
www.biofarm.ch

Bisquits
Kambly SA
3555 Trubschachen
www.kambly.ch

Blauburgunder aus der Bündner Herrschaft
Wegelin Scadenagut
7208 Malans
www.malanser-weine.ch

Bratwurst
Metzgerei Schmid
9000 St. Gallen
www.metzgerei-schmid.ch

Bretzeli
Kambly SA
3555 Trubschachen
www.kambly.ch

Brot
Schweizerische Brotinformation SBI
3007 Bern
www.schweizerbrot.ch

Bündnerfleisch
Brügger Naturlufttrocknung
7076 Parpan
www.bruegger-parpan.ch

Bündner Bergkäse
Sortenorganisation
Bündnerkäse
7002 Chur
www.buendnerkaese.ch

C

Capuns
La Pasteria Fattoria AG
7302 Landquart
www.la-pasteria.com

Cervelats
Metzgerei Meinen AG
3001 Bern
www.meinen.ch

Champignons
Verband-VSP
3303 Jegenstorf
www.champignons-suisses.ch

Couverture Schokolade
Confiseur Bachmann AG
6002 Luzern
www.confiserie.ch

D

Dijon-Senf
Reitzel (Suisse) S.A.
1860 Aigle
www.hugoreitzel.ch

Dinkel / UrDinkel
IG Dinkel
3552 Bärau
www.urdinkel.ch

Dinkelgriess
Biofarm-Genossenschaft
4936 Kleindietwil
www.biofarm.ch

Dörrbohnen
Schweizer Naturprodukte
3472 Wynigen
www.schweizernaturprodukte.ch

Dörrfrüchte
Öpfelfarm
9314 Steinebrunn
www.oepfelfarm.ch

E

Edelkastanien
La Pinca
8600 Dübendorf
www.lapinca.ch

**Emmentaler Butterbretzeli
und andere Bisquits**
Kambly SA
3555 Trubschachen
www.kambly.ch

**Emmentaler Pastetli
und Merängge**
Freudiger AG
3507 Biglen
www.emmentaler-backwaren.ch

Emmentaler Käse AOP
Consortium Emmentaler AOC
3001 Bern
www.emmentaler.ch

Engandiner Nusstorte
Hauser St. Moritz
7500 St. Moritz
www.hotelhauser.ch

Essig
Biofarm-Genossenschaft
4936 Kleindietwil
www.biofarm.ch

Essiggurke
Reitzel (Suisse) S.A.
1860 Aigle
www.hugoreitzel.ch

F

Fleisch
Metzgerei Meinen AG
3001 Bern
www.meinen.ch

Fleisch / Angus-Beef
Wendelinhof
5524 Niederwil
www.wendelinhof.ch

Fleisch von der Gämse
Curschellas SA
7188 Sedrun
www.sedruner-fleisch.ch

Fleisch von Fidelio
Fidelio Produkte AG
5000 Aarau
www.fidelio.ch

Fleisch vom Huhn
Ernst Kneuss Geflügel AG
5506 Mägenwil
www.kneuss.com

Fleisch vom Kaninchen
Schulerhof
6022 Grosswangen
www.schulerhof.ch

Fleisch Natura-Beef
M. & R. Hauenstein
5304 Endingen
www.loohof.com

Fleisch von der Ziege
Schweizerischer
Ziegenzuchtverband
3052 Zollikofen
www.schweizer-gitzi.ch

Forellen / geräuchert
Bio-Forellenzucht Blausee
3717 Blausee
www.blausee.ch

Frischkäse
Züger Frischkäse AG
9245 Oberbüren
www.frischkaese.ch

G

Gemüsebouillon
Morga AG
9642 Ebnat-Kappel
www.morga.ch

Gewürze und Kräuter
Bio Online Shop
5506 Mägenwil
www.mahlerundco.ch

Glarner Schabziger
GESKA AG
8750 Glarus
www.schabziger.ch

Griess
Biofarm-Genossenschaft
4936 Kleindietwil
www.biofarm.ch

Gruyère AOP
Interprofession du Gruyère
1663 Gruyères
www.gruyere.com

Güggeli
Ernst Kneuss Geflügel AG
5506 Mägenwil
www.kneuss.com

Gurken
Reitzel (Suisse) S.A.
1860 Aigle
www.hugoreitzel.ch

H

Hafer
Biofarm-Genossenschaft
4936 Kleindietwil
www.biofarm.ch

Hallwilerseefischerei
Fischerei Heinz und
Rita Weber
5708 Birrwil

Hefe
Hefe Schweiz AG
9507 Stettfurt
www.hefe.ch

Hirse
Biofarm-Genossenschaft
4936 Kleindietwil
www.biofarm.ch

Hofläden
www.gemuese.ch
www.hofladen-bauerladen.info
www.nachhaltigleben.ch
www.regionalprodukte.ch
www.schweizerbauer.ch

Honig (Bio)
Marco Paroni
3373 Heimenhausen
www.paronihonig.ch

Hülsenfrüchte
Biofarm-Genossenschaft
4936 Kleindietwil
www.biofarm.ch

Morga AG
9642 Ebnat-Kappel
www.morga.ch

J

Joghurt
Milchmanufaktur Einsiedeln
8846 Willerzell
www.milchmanufaktur.ch

Jurapark Aargau
Geschäftsstelle Jurapark Aargau
5225 Bözberg
www.jurapark-aargau.ch

K

Kartoffeln
swisspatat
3001 Bern
www.kartoffel.ch

Kastanienprodukte
La Pinca
8600 Dübendorf
www.lapinca.ch

Käse
Appenzeller® Käse GmbH
9050 Appenzell
www.appenzeller.ch

Emmentaler Käse AOP
Consortium Emmentaler AOP
3001 Bern
www.emmentaler.ch

Gruyère AOP
Interprofession du Gruyère
1663 Gruyères
www.gruyere.com

Tilsiter Switzerland GmbH
8570 Weinfelden
www.tilsiter.ch

IP du Vacherin fribourgeois AOP
1630 Bulle
www.vacherin-fribourgeois-aop.ch

Kirsch
Urs Hecht AG
6222 Gunzwil
www.gunzwiler-destillate.ch

Kirschtorte
Confiserie Speck
6304 Zug
www.speck.ch

Konfitüren
Biofarm-Genossenschaft
4936 Kleindietwil
www.biofarm.ch

Kürbis
Jucker Farm AG
Juckerhof, 8607 Seegräben
Spargelhof, 8197 Rafz
Bächlihof, 8645 Jona
www.juckerfarm.ch

L

Linsen
Biofarm-Genossenschaft
4936 Kleindietwil
www.biofarm.ch

Luzerner Wein
J & H Südhang GmbH
6274 Eschenbach
www.vomsuedhang.ch

M

Mais
Linthmais Mühle Bruhin
8856 Tuggen
www.linthmais.ch

Maluns
La Pasteria Fattoria AG
7302 Landquart
www.la-pasteria.com

Marroni
La Pinca
8600 Dübendorf
www.lapinca.ch

Mehl
Schweizerische Brotinformation SBI
3007 Bern
www.schweizerbrot.ch

Meringues / Merängge
Freudiger AG
3507 Biglen
www.emmentaler-backwaren.ch

Merlot Carato
Vini & Destillati Delea
6616 Losone
www.delea.ch

Molkereiprodukte
Milchmanufaktur Einsiedeln
8846 Willerzell
www.milchmanufaktur.ch

Mozzarella
Züger Frischkäse AG
9245 Oberbüren
www.frischkaese.ch

N

Natura-Beef
M. & R. Hauenstein
5304 Endingen
www.loohof.com

Nudeln
Kernser Pasta
6064 Kerns
www.kernser-pasta.ch

Nüsse
Nuss- & Wildfruchtspezialitäten
8274 Gottlieben
www.baum-nuss.ch

O

Olivenöl
TERRA VERDE Bio-Gourmet AG
8049 Zürich
www.terra-verde.ch

Le Delizie
8424 Embrach
www.ledelizie.ch

Öle / Schweizer
Biofarm-Genossenschaft
4936 Kleindietwil
www.biofarm.ch

P

Pasta
Kernser Pasta
6064 Kerns
www.kernser-pasta.ch

Pastetli / Emmentaler
Freudiger AG
3507 Biglen
www.emmentaler-backwaren.ch

Pflanzenöle
Biofarm-Genossenschaft
4936 Kleindietwil
www.biofarm.ch

Pilze / Champignons
VSP Verband Schweizer
Pilzproduzenten
3303 Jegenstorf
www.champignons-suisses.ch

Pizokel
La Pasteria Fattoria AG
7302 Landquart
www.la-pasteria.ch

Poulets
Ernst Kneuss Geflügel AG
5506 Mägenwil
www.kneuss.com

Q

Quark & Co.
Züger Frischkäse AG
9245 Oberbüren
www.frischkaese.ch

R

Raclettekäse Wallis
Dorsat, Simplon Käse
3901 Simplon-Dorf
www.simplon-kaese.ch

Rapsöl
Biofarm-Genossenschaft
4936 Kleindietwil
www.biofarm.ch

Verein Schweizer Rapsöl VSR
3001 Bern
www.raps.ch

Rapsöl / Seetaler
Genusswerk,
Landhotel Hirschen
5015 Erlinsbach
www.genusswerk.ch

Ribelmais
Rheintaler Ribelmais
9465 Salez
www.ribelmais.ch

Linthmais Mühle Bruhin
8856 Tuggen
www.linthmais.ch

Risotto
Terreni alla Maggia
6612 Ascona
www.terreniallamaggia.ch

Roland Zwieback
Roland Murten AG
3280 Murten
www.roland.ch

Rohschinken
Brügger-Parpan
7076 Parpan
www.bruegger-parpan.ch

Rotkraut
Schöni Swissfresh AG
4538 Oberbipp
www.schoeni-swissfresh.ch

S

Safran
Bio Online Shop
5506 Mägenwil
www.mahlerundco.ch

Sauerkraut
Schöni Swissfresh AG
4538 Oberbipp
www.schoeni-swissfresh.ch

Sedruner Fleisch
Curschellas SA
7188 Sedrun
www.sedruner-fleisch.ch

Senf
Biofarm-Genossenschaft
4936 Kleindietwil
www.biofarm.ch

Reitzel SA
1860 Aigle
www.hugoreitzel.ch

Spaghetti
Kernser Pasta
6064 Kerns
www.kernser-pasta.ch

St. Galler Bratwurst
Metzgerei Schmid
9000 St. Gallen
www.metzgerei-schmid.ch

Süssmost / Apfelwein
Ramseier Suisse AG
6210 Sursee
www.ramseier.ch

Sch

Schabziger
GESKA AG
8750 Glarus
www.schabziger.ch

Schokolade
Confiserie Bachmann AG
6002 Luzern
www.confiserie.ch

Schweizer Gitzi
Schweizerischer
Ziegenzuchtverband
3052 Zollikofen
www.schweizer-gitzi.ch

Schweizer Kartoffeln
swisspatat
3001 Bern
www.kartoffel.ch

Schweizer Rapsöl
Biofarm-Genossenschaft
4936 Kleindietwil
www.biofarm.ch

Verein Schweizer Rapsöl VSR
3001 Bern
www.raps.ch

T

Teigwaren
Pasta Röthlin AG
6064 Kerns
www.kernser-pasta.ch

Tessiner Reis und Polenta
Terreni alla Maggia
6612 Ascona
www.terreniallamaggia.ch

Tilsiter
Tilsiter Switzerland GmbH
8570 Weinfelden
www.tilsiter.ch

Trockenfleisch
Brügger Naturlufttrocknung
7076 Parpan
www.bruegger-parpan.ch

Trockenfrüchte
Öpfelfarm
9314 Steinebrunn
www.oepfelfarm.ch

Trüffel Schweiz
Esther Bieri-Zulauf
3437 Rüderswil
www.schlaraffenland.ch

U

UrDinkel-Mehl
IG Dinkel
3552 Bärau
www.urdinkel.ch

V

Vacherin fribourgeois AOP
IP du Vacherin fribourgeois AOP
1630 Bulle
www.vacherin-fribourgeois-aoc.ch

Verjus
ValNature Felix Küchler
3952 Susten-Leuk
www.verjusbio.ch

W

Walliser Käse / Raclettekäse
Dorsat, Simplon-Käse
3901 Simplon-Dorf
www.simplon-kaese.ch

Weine
Bioweine vom Küferweg
5703 Seon
www.kueferweg.ch

J & H Südhang GmbH
6274 Eschenbach
www.vomsuedhang.ch

Vini & Destillati Delea
6616 Losone
www.delea.ch

Wegelin Scadenagut
7208 Malans
www.malanser-weine.ch

Weinbau Hartmann AG
5236 Remigen
www.weinbau-hartmann.ch

Z

Zuger Kirschtorte
Confiserie Speck
6304 Zug
www.speck.ch

Zwieback von Roland
Roland Murten AG
3280 Murten
www.roland.ch

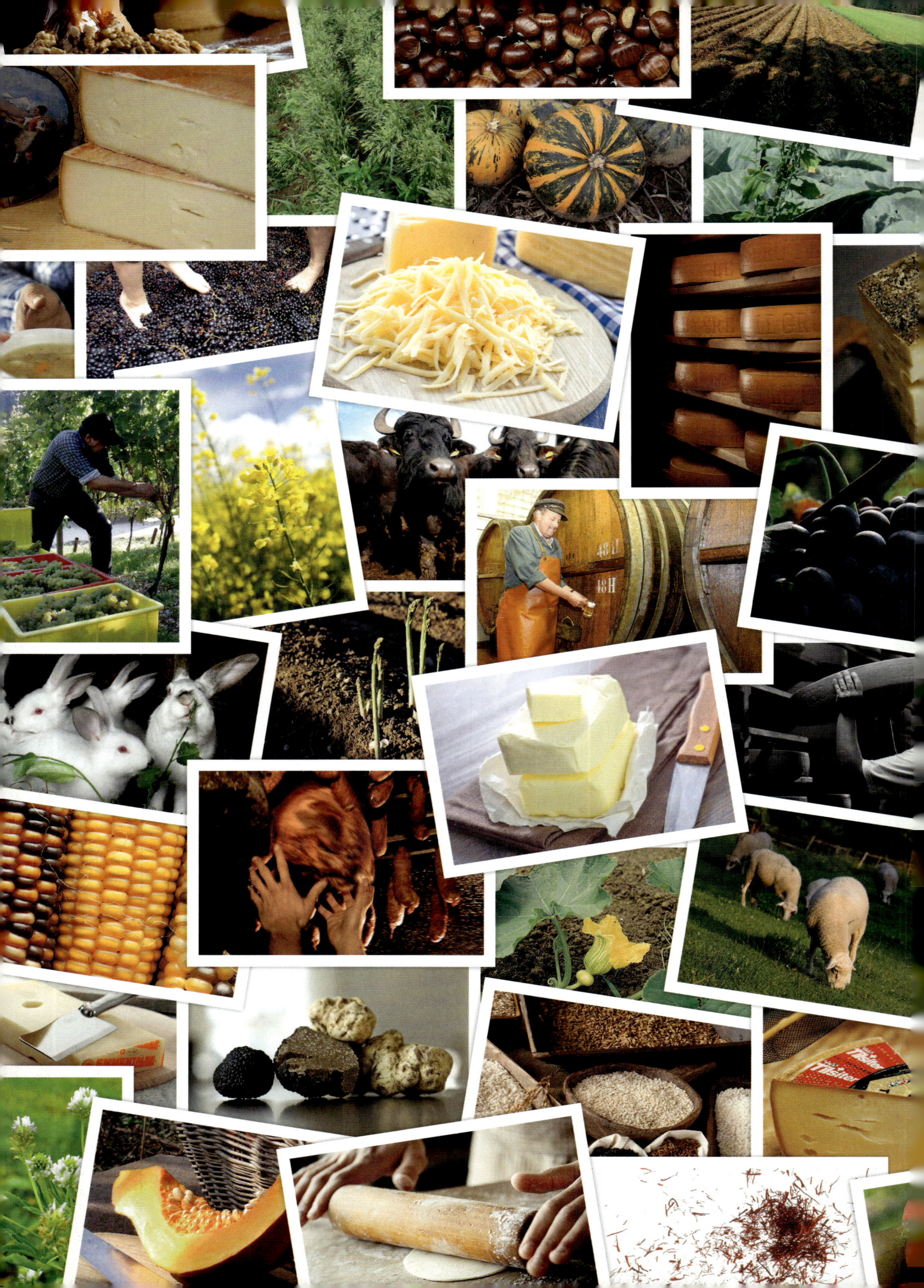

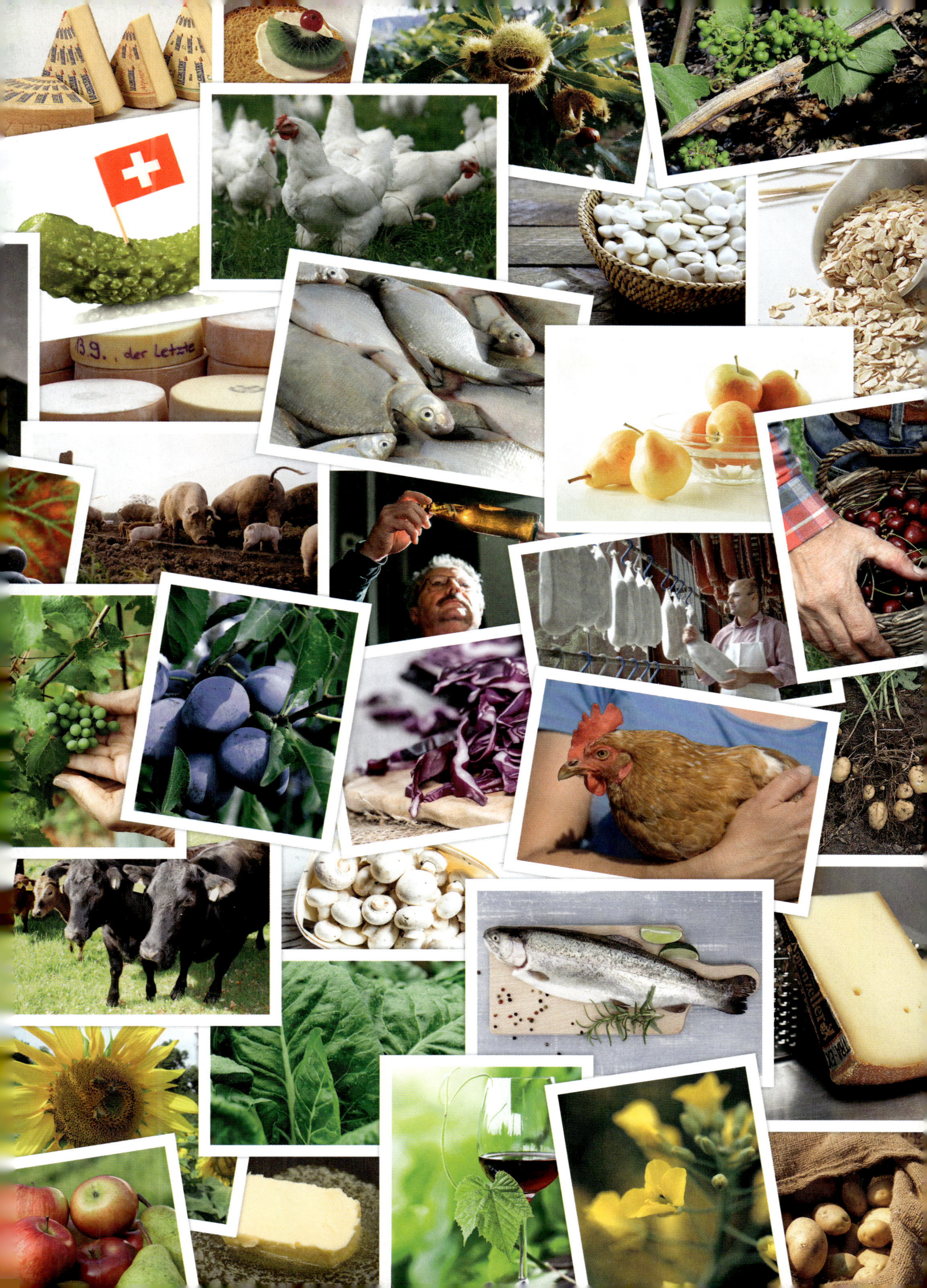
B.9. , der Letzte

Register

A

Agar-Agar 236
Ananas 202
Apfel 44, 68, 132, 162, 194, 242
Apfel, Dörr- 220, 248
Aprikose, Dörr- 172, 220
Aubergine 84

B

Batate 17
Baumnuss 129, 204, 212
Bier 32, 50, 122
Birne 78, 168, 172, 188
Birne, Dörr- 168, 204, 220, 248
Blumenkohl 34, 156
Bohne, Auskern- 24, 34, 178
Bohne, Dörr- 170
Bohne, grüne 34, 90
Bolognese 128
Brätchügeli 134
Brennnessel 26, 100
Brokkoli 34, 156
Brot 176
Brot, Früchte- 220
Brot, Mais- 224
Brot, Zopf 222
Bündnerfleisch 18, 72, 76, 118, 144
Burger, Getreide- 52

C

Calvados 162
Capuns 80
Carpaccio 56
Chinakohl 70
Cordon bleu 118
Creme, Butter- 202
Creme, Röteli-Eis- 252
Creme, Safran- 238
Creme, Schokoladeneis- 248
Creme, Vanille- 246

D

Dattel 220
Dinkel 178, 208, 228

E

Eiscreme, Röteli- 250
Eiscreme, Schokoladen- 248
Erbse, Gelb- 24

F

Feige, getrocknet 118, 204, 204
Fenchel 72
Fisch, Albeli 150
Fisch, Felchen 150, 152, 158
Fisch, Forelle 148, 154
Fisch, Meer- 156
Fisch, Wels 160
Fisch, Zander- 162
Fleisch, Brät 134, 136
Fleisch, Gäms- 130
Fleisch, Gitzi- 122
Fleisch, Kalb- 134, 136, 138
Fleisch, Lamm- 140
Fleisch, Kaninchen- 124
Fleisch, Poulet- 116, 133, 142
Fleisch, Reh- 118
Fleisch, Rind- 56, 126, 128, 136
Fleisch, Schweins- 114, 120, 128, 134, 136, 168
Flocken, Hafer- 52
Fondue 104
Frittiergut 50, 54, 122, 242

G

Gerste 18
Gurke, Essig- 42, 98

H

Hafer 53
Haselnuss 76, 208
Hirse 46, 182
Honig 60, 210, 212, 214, 218, 220
Honigmarzipan 210
Hopfendolde 32

I

Ingwer 16, 156

J

Japonais 216

K

Kabis, Rot- 70
Kabis, Weiss- 178
Karotte 18, 34, 36, 72, 74, 108, 121, 122, 130, 138, 140, 154, 156, 178, 192, 208
Kartoffel 24, 38, 38, 60, 64, 66, 86, 94, 116, 168, 170, 172, 174, 180, 194
Käse, Alp- 86
Käse, Appenzeller- 78, 176, 186
Käse, Berg- 118, 194
Käse, Emmentaler 30, 42, 102
Käse, Feta 88
Käse, Freiburger Vacherin 104
Käse, Frisch- 48, 88, 100, 158, 174, 182
Käse, Frisch-, Joghurt- 76
Käse, Frisch-, Mozzarella 188
Käse, Frisch-, Quark 52, 68
Käse, Gruyère 26, 30, 54, 68, 90, 104, 174, 182, 196
Käse, Raclette- 98
Käse, Sbrinz 52, 62, 68, 88, 100, 108
Käse, Schabziger, Glarner 86
Käse, Tilsiter 84, 192
Käse, Walliser 94, 194
Kastanie siehe Marroni
Kefe 156
Kirsch 202, 204, 216
Kirsche 16, 252
Knöpfli 68
Kohlrabi 72, 84, 156
Kompott, Apfel- 68
Konfitüre 200, 202
Korinthen 80
Kürbis 36, 72, 174, 182

L

Lauch 18, 20, 22, 34, 52, 74, 102, 122, 140, 144, 154, 156, 158
Linsen 74

M

Mais 96, 108, 180, 224
Mais, Rheintaler Ribel- 96
Maluns 66
Mandel 166, 182, 200, 202, 210, 214, 2230
Mandel, Bitter- 210
Mangold 80, 114
Marroni 107, 198, 244
Mayonnaise 72
Meerrettich 32
Meringue 246
Milch 26

N

Nuss, Baum- 76, 128
Nuss, Cashew- 46

O

Olive 92
Orangeat 220

P

Panade, Senf- 160
Panna cotta 236
Parfait 230, 244, 248
Petit Beurre 240
Pilze 58, 70, 90, 96, 124, 132, 134, 136, 163
Pflaume, Dörr- 248
Pizokel 144

R

Radieschen 72
Reis 20, 24, 62, 102
Rettich 72
Ribelziegel 96
Risotto 62
Rose 236
Rosinen 198, 204
Rösti 64
Rucola 70

S

Safran 238
Salbeiblatt, frittiert 50
Sauce, Béchamel- 90, 134
Sauce, Champignons- 58
Sauce, Hollandaise 154
Sauerkraut 38, 178
Sauerrübe 178
Sellerie, Knollen- 74, 120, 122, 130, 154
Sellerie, Stangen- 72, 138, 154
Senf 22, 45, 160
Sellerie, Knollen- 18, 34, 84, 140
Spargel 48, 110

Speck 52, 68, 70, 74, 78, 80, 136, 144, 170, 172, 180, 190
Spinat 26, 32, 88, 108, 144, 190
Sprossen, Soja- 156
Süsskartoffel 16
Süssmost 168
Süssmost, vergorener 124, 132, 172, 234

Sch

Schinken 136, 174, 188, 196
Schinken, Roh- 18
Schokolade 240, 250

T

Teig, Biskuit- 202, 216
Teig, Blätter- 136
Teig, Bretzeli- 206
Teig, Frittier- 50, 54, 122
Teig, Hefe- 204, 214, 222
Teig, Kuchen- 186, 190, 192, 194
Teig, Mürbe- 212, 234
Teig, Pizokel- 144
Teig, Pizza- 188
Teig, Rühr- 200
Teigwaren 26, 86, 92, 100, 110, 148
Toast, Champignons- 58
Toast, Wacholder- 38
Toast, Spargel-Frischkäse- 48
Tomate 28, 42, 88, 90, 94, 128, 138
Tomate, Dörr- 142
Trüffel 56

V

Verjus 156

W

Wacholder 38
Wein, Rot- 126, 130, 138, 140
Wein, Weiss- 20, 128, 134, 154, 162
Weinbeere 20, 140, 220
Wirz 144
Wurst, Brat- 44
Wurst, Cervelat 42

Z

Zucchino 34, 72, 84, 90, 92
Zwetschge 124
Zwetschge, Dörr- 120, 204, 220, 248
Zwieback 90
Zwiebel 44, 86, 90, 92, 94

Bildnachweis

Foodbilder

Claudia Albisser Hund Seiten 25, 27, 31, 37, 39, 40, 43, 45, 47, 55, 57, 59, 69, 71, 73, 79, 82, 85, 87, 91, 101, 115, 117, 119, 123, 127, 129, 131, 135, 139, 141, 183, 184, 187, 189, 191, 193, 199, 207, 211, 217, 219, 221, 223, 226, 229, 231, 233, 235, 239, 245, 251, 252

Luzia Broger Seite 21

Dave Brüllmann Seiten 18, 29, 67, 145, 195, 237

Pierre Michel Delessert Seite 143

Bildnachweis bei **Emmi** Seite 99

Bildnachweis bei **Freiburg Tourismus und Region** Seite 105

Priska Furrer, Oliver Hallberg Seite 33

Martin Hemmi Seiten 103, 164, 173, 179

König & König Seiten 125, 167, 177, 241

Jules Moser Seiten 49, 63, 81

iStock/thinkstock Seite 249

Andreas Thumm Seiten 17, 23, 35, 51, 53, 61, 65, 75, 77, 89, 93, 95, 97, 107, 109, 111, 112, 121, 133, 137, 146, 149, 151, 153, 155, 157, 159, 161, 163, 169, 171, 175, 181, 197, 203, 205, 209, 215, 225, 243, 247

Patrick Zemp Seite 201

Vignettenfotos

Claudia Albisser Hund Seiten 77, 201, 249

apis Bildagentur Seite 215

Bildnachweis bei **Appenzeller Bier** Seiten 33, 51

Erica Bänziger Seiten 107, 199, 243

Roland Beck Seite 37

Martin Bienerth Seite 119

Bildnachweis bei **Biofarm** Seiten 23, 47, 73

Michel Brancucci Seite 183

Gabriela Brugger Seiten 79, 85, 103

Bildnachweis bei **Brügger.Parpan** Seite 73

Dave Brüllmann Seite 75

Thomas Cugini Seite 109

David Dietz Seiten 59, 151, 171

Dietz + Dietz Seite 205

Markus Dlouhy Seiten 57, 63, 89, 117, 139, 141, 143, 177, 179, 197, 209, 211, 229

Eidgenössische Forschungsanstalt, Wädenswil Seite 247

Bildnachweis bei **Emmentaler Backwaren Freudiger AG** Seiten 135, 245

Giorgio Franci Seite 111

Ernst Fretz Seite 53

Bildnachweis bei **Geska AG** Seite 87

Bildnachweis bei **Hauser St. Moritz** Seite 213

Bildnachweis bei **Kambly SA** Seite 207

Andreas Knecht Seite 187

König & König Seiten 221, 251

Ivo Kuthan Seite 237

Bildnachweis bei **Mahler und Co AG** Seite 241

Bildnachweis bei **Meinen AG** Seite 43

Jules Moser Seiten 18, 49, 133

Peter Mosimann Seiten 65, 181

Bildnachweis bei **Reitzel (Suisse) S.A.** Seiten 99, 161

Bildnachweis bei **Rheintaler Ribelmais** Seite 97
Bildnachweis bei **Roland Murten AG** Seite 91
Bildnachweis bei **Schöni Swissfresh AG** Seite 39
Bildnachweis bei **Schweizer Bauernverband** Seite 153
Bildnachweis bei **Schweizerischen Vereinigung der AOP-IGP** Seiten 27, 31, 55, 105
Bildnachweis bei **SO Appenzeller Käse GmbH** Seite 33
Bildnachweis bei **Daniel Suter** Seiten 175, 217
Bildnachweis bei **swisspatat** Seite 95
Jupiterimages/BananaStock/thinkstock Seite 121
Alexandru Nika/iStock/thinkstock Seite 149
Betty-photo/iStock/thinkstock Seite 125
eskymaks/iStock/thinkstock Seite 149
HandmadePictures/iStock/thinkstock Seite 71
Hans-Joachim Schneider/iStock/thinkstock Seite 235
igorr1/iStock/thinkstock Seite 131
kav777/iStock/thinkstock Seite 159
lzf/iStock/thinkstock Seite 85
martiapunts/iStock/thinkstock Seite 193
Merydolla/iStock/thinkstock Seite 203
Olha_Afanasieva/iStock/thinkstock Seite 35
tycoon751/iStock/thinkstock Seite 239
Witold Ryha/iStock/thinkstock Seite 67
Yelena Yemchuk/iStock/thinkstock Seite 195
Brand X Pictures/Stockbyte/thinkstock Seite 25
Jupiterimages/Stockbyte/thinkstock Seite 163

Andreas Thumm Seiten 17, 45, 93, 101, 123, 129, 145, 219, 223, 225
Bildnachweis bei **Verjus Bio** Seite 157
Bildnachweis beim **Verlag** Seiten 69, 169, 173, 233
Charlotte Walker Seite 115
Hans Weber Seite 167
Bildnachweis bei **Weinbau Hartmann AG** Seiten 21, 127, 155
Bildnachweis bei **Weinhandlung am Küferweg AG** Seite 261
Wendelinhof Seite 137
Andre Wermelinger Seite 61
Patrick Zemp Seite 231
Armin Zogbaum Seiten 29, 191

Rezeptnachweis

Aargauer Landfrauen
Aepli Beatrice
Bänziger Erica
Baule Gisela
Bernold Ueli
Buser Marianna
Di Capua Nicola
Donatz Jacky

Dütsch Irma
Erne-Bryner Silvia
Gmünder Charly
Hanselmann Kurt
Haupt Robert
Koch Antonia
Krell Bäni
Maag Thuri

Rösch Matthias
Rosenblatt Lucas
Rossal Siegfried
Speck Brigitte
Stich Stefan
Tanner Violette
Vögeli Susanne